富岡町のスゴイおばあちゃん

有薗宏之

目次

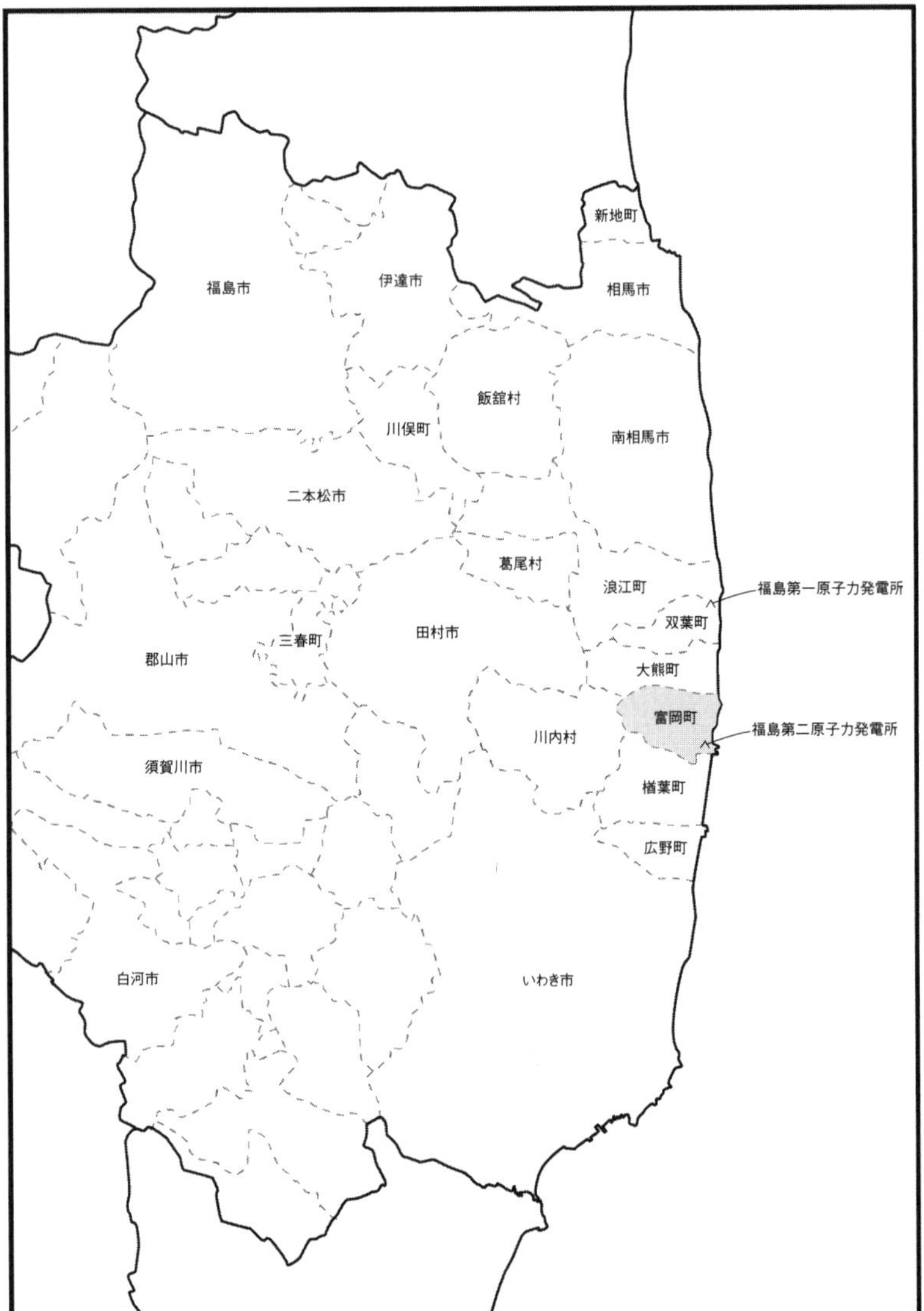
新地町
福島市
伊達市
相馬市
飯舘村
川俣町
南相馬市
二本松市
葛尾村
浪江町
福島第一原子力発電所
双葉町
三春町
田村市
郡山市
大熊町
富岡町
福島第二原子力発電所
川内村
須賀川市
楢葉町
広野町
白河市
いわき市

はじめに

富岡町《とみおかまち》という町がどこにあるかをご存知ですか？

東北地方の福島県にある、片田舎の小さな町です。

福島県と言われても、すぐに、地図上での位置関係を思い浮かべられる人も少ないのではないでしょうか？

福島県は、大きく三つの地域に分けられています。会津若松市がある「会津」、福島市や郡山市などがある内陸部の「中通り」、相馬市や双葉郡などがある太平洋側の「浜通り」の三地域です。そして、この物語の中心となる富岡町は、浜通りのほぼ中央部にある町で、正しくは福島県双葉郡富岡町です。町の面積は、約六八・五平方メートル。大阪府の東大阪市よりはやや大きく、東京都の町田市よりはやや小さな町です。町の人口は、一万四〇〇〇人ほど。町のほとんどの町民は、農林業などの第一次産業に従事していました。「いました」というのは、いまは農林業で働いている人はおろか、町全体に人が住めない状態にあるからです。富岡町は、東京電力福島第二原子力発電所の立地地域で、かつ、福島第一原子力発電所から約七キロの位置にある町なのです。

東日本大震災が起こった二〇一一年三月一一日の翌日、富岡町全域にも福島第一原発の事故による避難指示が出ました。その後、四月二二日には警戒区域に指定されました。近隣の市町村とともども避難地域に指定されたことで、住民はバラバラになったままの状態なのです。残念ながら、こんな事故があったことで、富岡町の名前もちょっとは知られるようになったかもしれません。

ですから、富岡町が全国的に知られるようになったのは、東北大震災以後とも言えるでしょう。私自身が富岡町に住んだのは、ほんの一時期のことですが、早く復興して欲しいという気持ちは富岡町のみなさんとなんら変わりません。

この小さな片田舎の町に、ワタナベキンヨという、この地域では有名な「スゴイおばあちゃん」がいました。私の義母で、一九一三（大正二）年二月に生まれて、一九九五（平成七）年一一月に亡くなった人です。

どんな「スゴイおばあちゃん」だったのか。私が結婚する前のことが話の中心になるため、詳しくお話しできないことが悔しいのです。ただ、みなさんに「スゴイおばあちゃん」のことをもっと知ってもらいたい、と思うきっかけとなったのは、ある飲み会の席でのことでした。

「スゴイおばあちゃん」が亡くなって一年近く経ったある日のことです。私は、仕事仲間数名と富岡駅から仙台寄りに四つ離れた浪江駅前の居酒屋で、飲んでいました。

仲間と賑やかに楽しく飲んでいたとき、ひょんなことから地元の男性が、私たちのグループと意気投合し、一緒に飲むことになりました。初めのうちは、他愛のない話、政治の話、そして日本経済や将来の日本はどうなるのかなどと、とりとめもないままに話は弾んでいました。そして、ふとしたきっかけから話が生命保険のことになったのです。

すると、その男性が、突然、こんな話をはじめたのです。

「長い間、世話になってた生命保険のセールスをしていたおばあちゃんが、この間死んだんだよね。そのおばあちゃんには、オレもいろいろと世話になったけど、ほかにもいろいろな人が世話になってたんでないかなぁ。保険のことだけでなく、なにか困ったときには仕事を抜きにして親身になってくれた人だったんだぁ。仕事のことや友だちのこと、人生相談にも乗ってくれたし、いろんな意味で地元の人間に重宝がられていたんじゃないかな。あのおばあちゃんと生命保険の契約した人で悪く言う人は、絶対にいないと思うよ」

そして、こう話を続けたのです。

「大口の契約者だったんだろうけど、現金の出し入れの多そうな人には金庫をあげたり、ゴルフの好きな人にはよくゴルフの招待をしてたみたい。女性のお客さんには、布団やら座布団なんかもあげてたようだよ。また、結婚適齢期の男女がいると、それぞれのお客さんの子どもさんに紹介していたようで、その縁で結婚した人も何人かいるとも聞いているよ」

そして、大きくひと呼吸置いて、

「いい人というのは、なんでこんなに早く死んでしまうんだろう」

と言ったのです。

そこで私が、

「そのおばあちゃんの名前はなんと言うんですか」

と聞くと、その男性は、

「富岡町にいた、ワタナベキンヨという人だったんだよね」

と答えたのです。

その一言を聞いた私は、思わず心の中で「おばあちゃん、ここに貴方のことを褒めちぎる人がいるよ」とつぶやいたのです。

その男性は、キンヨさんの自宅から二〇キロも離れた浪江町に住んでいる人でした。「スゴイおばあちゃん」は遠方に住んでいる人たちとも仕事で関わりを持っていたんです。

この話を聞いたことが一つのきっかけとなって、飲んでいる席にまで名前が出てくる、ワタナベキンヨという人の人となりを書き残しておきたいと思ったのです。

この「スゴイおばあちゃん」は、生命保険のセールスをしながら、そのスゴサを発揮して、たくさんの人と関わりながら生きてきました。キンヨさんがその仕事に就いたのが四九歳のときだったというのも驚きですが、その仕事をはじめるきっかけとなったエピソードも驚きなのです。


それは、一九六一年のこと。ある日、当時の富岡町には珍しい、背広にネクタイ姿の男性が、自宅を訪ねてきました。その紳士は、初対面のキンヨさんに向かって、生命保険セールスの職業婦人となることを勧めるだけでなく、キンヨさんにとっては「どうして私に？」と思うような要望を突きつけてきたのです。

「富岡町に設ける予定の営業所は、将来、この地域全体の拠点にしたい。そのためには外交員の確保とその指導も含めてお願いしたい」というものでした。

自分が、保険の外交をすることすら引き受けるかどうかも決めていないのに、外交員の確保や新人の指導までを含めてやって欲しいと要求してくるなんてとんでもない、と思ったのも当然のことです。

しかし、キンヨさんは、悩んだ挙句にその生命保険セールスの仕事を引き受けます。そして、私と出会った一九七五（昭和五〇）年の初めころには、月収六〇万から七〇万円のトップセールスウーマンになっていたのです。その後も収入は増え続け、一九八二（昭和五二）年には、手取りの金額が一〇〇万円を超えていたといいます。人家もまばらで、車の便もない時代のことです。キンヨさんは、この移動するのにも不自由な町で、どのようにして生命保険のセールスをしていったのでしょうか。

その謎を知るために、まずはキンヨさんと夫であるサブロウさん、それぞれの生い立ちから話を書き進めていきます。

第一節　サブロウさんとキンヨさんの生い立ち

最初に、「スゴイおばあちゃん」の夫になるサブロウさんの生い立ちです。

のちにキンヨさんの夫になる人は、一九〇九（明治四二）年二月に、八人兄弟の末っ子として熊本県天草で生まれました。男の子の名前は、「ワタナベサブロウ」。一番上のお姉さんとは、一八歳も歳が離れていました。

しかし、天草で元気な生を受けたサブロウさんは、自分の命と引き換えに、母親を亡くしてしまいます。ですから、一番上のお姉さんが母親代わりとなって、妹や弟を育てていたのです。

サブロウさんの不幸は、さらに三年後、再びやってきます。大工であった父親も、仕事中に梁の上から墜落して、亡くなってしまうのです。その後、妹弟を育てるのは親代りとなった長女一人にかかってしまいます。お姉さんは身を粉にして働きました。その苦労たるや大変なものであったと想像されます。

国民の多くが貧しく、毎日の食べ物を確保するのも大変な時代のこと。二〇歳の若い女性を雇ってくれるような会社はありませんでした。お姉さんは、美しい着物で身を飾ったり、美味しいものを探して食べ歩きをすることもなく、ただ妹弟のために働き通したのです。小さな畑を耕したり、海に行っては海藻や小さな貝を取ってきては、芋粥とともに食卓にならべたのでしょう。

両親がいないのですから、想像を絶する苦労をしたのだと思います。サブロウさんは尋常小学校（この当時の義務教育年数は八年で、現在の中学二年生で卒業）を卒業するとすぐに、東京で開業医を営む叔父さんに引き取られました。当時、銀座でイギリス製の布地を扱った高級紳士服のオーダー専門店で、職人見習いとして働くことになったのです。

サブロウさんは生まれつきの性格なのか、それとも家庭の環境がそうさせたのか寡黙で心優しい男性になっていたのです。また、幼いころの環境がそうさせたのでしょうが、あまり笑うことがなかったようです。

しかし、仕事ぶりは真面目で、先輩たちの指導を素直に聞き、めきめきと腕をあげていきました。仕事を紹介した叔父さんの薫陶もあったのでしょうが、将来は自分の店を持つことに生きがいを感じながら、やがて成人していきます。また、仕事を始めた当初から、少ない金額ではあれ、毎月の収入からいくらかをお姉さんに仕送っていました。

一方、サブロウさんが生まれた四年後の一九一三（大正二）年二月、太平洋に面した福島県双葉郡富岡町で、若夫婦の最初の子どもとして一人の元気な女の子が生まれました。その女の子の名前は、「イシイキンヨ」。「キンヨ」とは、ちょっと変わった名前ですが、その由来については残念ながらわかりません。

しかし、キンヨさんは、二歳になると、両親とは離れて、近所に住んでいた親戚の叔母さんに引き取られることになります。両親が、開拓団の一員として北海道の網走方面へと移住することを決めたからです。明治の終わりごろからの福島県は、県民を北海道開拓団として送り出すことを積極的にすすめる土地柄でした。

余談ですが、福島県から開拓団として乗り込んだ北海道には、福島町と称する地が現在もあるようです。明治中期以降、北海道への移住者のうち、福島県出身者は上位一〇県に入るほどだったのです。江戸時代に北方警備のために、会津藩の藩兵が当時の蝦夷地に派遣されたことが、福島県と北海道の繋がりを強くしたとのことです。

北海道の真冬の厳しい寒さを考えたとき、二歳になる女の子を北海道に連れていくことを、キンヨさんの両親は渋ったのです。ある意味、当然ともいうべき選択だったのかもしれません。また、開拓団として北海道へ渡るには、二歳の娘がいては足手まといになると考えたのかもしれません。どちらにしても、よくよく考えた末の結論だったと思います。

その結果、近くに住む親類の叔母さん夫婦に相談したのです。

「このままこの地で小さな畑を耕すだけでは、将来、家族が暮らしてはいけなくなると思うので、夫婦で相談した結果、北海道に渡って開拓民として頑張りたい」

とでも言ったのでしょうか。また、この叔母夫婦には子どもがいなかったことが幸いしたようです。子どもを預かってもよいということになったようです。

「女の子は、私のところで引き取ります。北海道での生活は大変だと思いますが、あなたたちは新たな地で頑張りなさい」

との返事に、両親も最終的な決断をしたのだと想像しています。

日本が貧しい時代、このようなことが各地にあったのだと思います。そして、両親と別れた女の子は、福島県の親戚に預けられ成長していきます。キンヨさんを引き取った親類の叔母さんは、富岡町で小さな畑を耕しながら、ほそぼそと生活をしていたのですが、なかなか厳しい人でもあったようです。

「人さまには、絶対に迷惑をかけるな」が信条の叔母さんは、キンヨさんが成長していく過程で、食事前の挨拶から、台所の手伝い、洗濯ものの取り入れ、と女の子がやるべき仕事の分担を言いつけ、厳しくしつけたといいます。

第二節　サブロウさんとキンヨさんの結婚

キンヨさんが小学校低学年のころは、田圃に水を入れる水路も現在のように立派なものではありませんでした。どの農家も話し合いながら、わずかな水を田圃へと導き入れていた時代です。今日はAさん宅、明日はBさん宅、その次の日はCさん宅、と様子を見ながら相談して、小さな水路からそれぞれの田圃へ水を引き入れていました。

ある日のこと。叔母さんの田圃へ水を入れる日だったので、キンヨさんは学校からの帰りに、真っ直ぐに田圃に行ったのです。昼下がりのことでしたが、となりのおじさんが、叔母さんの田圃へと流れる水をせき止め、自分の田圃へ水を入れていました。それは、約束破りです。

叔母さんの田圃には、まだ十分な水が入っていないのに、「ひどいことをするおじさんだ」と子ども心にも思いました。しかし、このときはまだ小さな子どもです。「おじさん、約束違反だよ。そんなことをしたらダメじゃない」の一言も言えずに帰ったようです。また、叔母さんの躾の影響もあったのかもしれません。キンヨさんは「自分さえ良ければ他人さまなど、どうでもいい」と身勝手な人間にはなりたくないとも思ったのです。

このときのことは、悔しかった思い出話として、のちに私に話してくれたことです。キンヨさんがこんな愚痴に近い話をするのは珍しいことなので、よく覚えています。

そのキンヨさんも尋常小学校を卒業するとすぐに、東京で薬剤師を営む叔父さんの家に引き取られることになります。勉強好きであったキンヨさんは、薬剤師を営む叔父さんの自宅から、当時、東京にあった大手紡績メーカーに就職すると同時に、夜間の高等女学校へ進んだのです。

叔父さんの影響もあったのでしょう。叔父さんの、「女であっても、これからの時代は勉強しなくてはダメだ」という力強い後押しを受けての進学でした。

仕事と学業の両立のほかに、叔父さん宅の家事手伝いをしながらの生活でしたから、大変だったと思いますが、強い意思の持ち主であったことで、いろいろな苦労を跳ね除けながら無事に女学校を卒業したのです。この少女時代の経験を糧として、「スゴイおばあちゃん」へと成長するための階段を一段ずつ登りはじめていたのかもしれません。

紡績工場で働きはじめたときから結婚するまでの間、キンヨさんは、育ててくれた富岡の叔母さんに、わずかな額ながらも手当のなかから仕送りを続けていました。

そして、この時代にしては珍しいことに、九州で生まれたサブロウさんと、東北生まれのキンヨさんが、東京の地で巡り会うことになるのです。

それは、開業医と薬剤師という関係であった双方の叔父たちの計らいで、二人がお見合いをしたことがきっかけでした。その後、二人のつきあいは順調に進んで結婚することになったのです。そして、「イシイキンヨ」は、「ワタナベキンヨ」という名前に変わりました。

両親の愛情を知ることなく育った二人は、やがて生まれて来るであろう子どもたちと幸せな家庭を作ろうと誓い合ったのでしょう。結婚すると同時に、現在の東京都大田区の大岡山に居を構え、仕立て屋を開業しました。しかし、すぐにお客がつくはずもなく、数年間は銀座の紳士服専門店の請負仕事をしながら店を続けていました。

そんななか、一九四〇（昭和一五）年に最初の子どもである長男が生まれ、三年後の四三（昭和一八）年には長女が生まれました。四一（昭和一六）年にはじまった太平洋戦争も、このころには激しさを増しており、紳士服よりも軍服を縫製する仕事が増えていくという状況でした。

このころにはすでに、国の政策で長野県に軍服製造工場が作られていました。しかし、当初から縫製作業のできる人が不足した状態で稼働していたといいます。そのため、軍服工場の人員確保に懸命になっていたこともあって、仕立て屋のサブロウさんも国からの命令の許、長野の軍服工場に徴用されることになったのです。

一九四三（昭和一八）年の秋、一家四人は長野県へと移り、新生活をはじめることになります。しかし、四五（昭和二〇）年八月一三日には、長野県も空襲を受けます。幸いにも家族全員は無事に空襲から逃れることができました。しかし、二日後の一五日に、昭和天皇による玉音放送により、終戦になったことを家族は知ることになります。

あとになってのことですが、終戦の数日前には、ピカドンと呼ばれる新型爆弾である原子爆弾が広島と長崎に落とされ、街が壊滅したことを知ります。また、前年末から、東京は数回にわたる空襲で焼け野原になったことも知らされたのです。キンヨさん夫婦は、東京に戻っても食料も簡単に手に入らないことを噂で聞き、福島県の富岡町を目指して移動することになりました。

このときのサブロウさんの本音としては、将来は熊本に帰りたかったようです。サブロウさんは銀座の紳士服店に務めた後、少ない給料のなかから、僅かながらもお姉さんに仕送りをしていたようです。実の母親を知らないだけに、お姉さんには母親以上の愛情を感じていたのでしょう。

母は自分を生んですぐに死んでしまいました。粉ミルクなどない時代です。お姉さんは、近くの農家からヤギのお乳を分けてもらい、ご飯をすりつぶしてヤギのお乳に混ぜて飲ませていたようです。ですから、お姉さんの青春時代を、自分が奪ってしまったというような罪悪感にも似た感情が、長年にわたってサブロウさんの心に渦巻いていたようです。それで、自分は熊本に帰り、少しでも恩返しがしたいと、若いながらもずっと心に思い描いていたのです。

当時、日本国有鉄道（国鉄、現在のＪＲ）を利用して熊本まで帰るとなると、名古屋や大阪、福岡などを経由して、乗り継ぎ乗り継ぎの移動になりますから、おそらく四、五日を費やす必要があったと思います。

結果的には、熊本に帰るのを諦めることになるのですが、当のお姉さんは、サブロウさんが東京に出た二年後、農家の嫁として結婚していました。結婚といっても、貧しい農家の後妻でしたから、青春時代と同様に厳しい生活だったと思います。

サブロウさんは「福島だと、お米の産地であることから食べ物が手に入りやすい」ことを聞かされ、結果的にキンヨさんの説得に負け、新しい生活拠点を福島県に移すことを承諾したようです。

富岡町に向かう途中で、二人は破壊されつくした東京の街を見ることになります。キンヨさんの胸中には、数十年ぶりに富岡町に帰れるという嬉しさのなかにも、東京全体が焼け野原になっている光景に寂しさを実感したのです。東京の焼け野原を見ながら、

「この東京に、二度と住むことはない」とも思ったことでしょう。生まれ育った富岡町の叔母さんを頼って、家族四人はふるさとを目指していくのでした。そして、お腹には三人目の子どもが宿っていました。

第三節　終戦後のキンヨさん

一九四五（昭和二〇）年八月の終わりにキンヨさんを含む家族四人は、福島県双葉郡富岡町にやっとの思いでたどり着きました。叔母さんの家に転がり込み、物置での一家四人の生活がはじまったのです。

キンヨさんが上京して働きはじめたころから、毎月、叔母さん夫婦宛に現金を送金していた経緯もあって、叔母さん夫婦も仕方なく同居を承諾したのでしょう。この当時は、近隣の農家の人びとも、戦争による疲弊が激しく、自分たちの生活を守ることに精いっぱいで、歓迎する素振りすら見せなかったようです。

なんともよそよそしい雰囲気は、敏感なキンヨさんには感じとれるのですが、頼る先は叔母さんの家しかありません。ただただ耐え忍んだようです。一度に食い扶持の増えた叔母さん宅にあって、一家四人はかなり肩身の狭い思いをしたそうです。

年の瀬も迫った一二月二三日に、三人目の子ども、次女ノブコが生まれました。それは、国民の生活が困窮を極め、日本人の多くが食べていくために死に物狂いで頑張っていたころのことです。

無事に次女を出産し、体力も回復しはじめたキンヨさんは、現金を得る手段として、闇米を東京に持っていくことを決断します。手始めに、近隣の農家から米を買取り、リュックに入れて富岡駅から常磐線で上野方面を目指しました。

たまには甘いものを食べたい、と願う人びとが増えてきたこともあり、上野駅近くには甘い飴を商品として売る店がぼちぼちとできていました。また、進駐軍が放出するアメリカ製の商品を扱う店も増えてきました。そのような店が最終的には二〇〇店舗以上になったのです。この店舗街が、のちに、「アメヤ横丁」、通称「アメ横」と呼ばれるようになった街です。キンヨさんは、そのアメ横で、持っていったすべての米が売れたときの爽快感と、懐には現金を抱え、清々しく嬉しい気持ちで富岡町に帰って行ったのです。

こんなキンヨさんの闇米商売は、四年ほど続きました。その間、途中の千住や金町方面でも常連客を得たようですが、ただ米を売っていただけではなかったようです。この間にも、キンヨさんの人を惹きつける能力が遺憾なく発揮されていたのです。

キンヨさんは、商売をしながらも、警察による取締情報などが事前に得られるように、目星をつけた人には事前に僅かですが、小分けにしたお米をそれとなく渡していたのです。この効果もあって、「今日はここで取締をしている」などの情報を、目配せや両手の指でバツ印をしてもらって難を逃れていました。

この効果もあって、四年間も闇米商売が続けられたのです。ただ、いつまでもいいことばかりが続くわけでもありません。キンヨさんにも年貢の納め時がやってきました。

ある日、列車のなかで警察による強制取締が行われ、持っていた米すべてを没収されてしまいました。しかし、キンヨさんは、没収される米を指を咥えてじっと見ているほど、か弱い女性ではなかったのです。

警察に向かって、「我が家ではお腹を空かした三人の子どもが待ってるんです。あなたたちも人の子なら、せめてそのリュックだけでも返してください」と言ったのです。いろいろな抗弁をしたところで無駄です。そして最後に、警察に向かって、「この大泥棒めが！」、と言ったというのです。

泥棒を取り締まる警察もビックリしたでしょう。小さなおばさんに、泥棒呼ばわりされたのですから。結局、この言葉が最悪な結果を招くことになります。警察から名前のほか、身元の取り調べを受けたのです。数ヶ月後、仙台の裁判所から出頭命令が送られてきました。

そこでキンヨさんは、裁判所に出頭する前にひと芝居打つことを思いつくのです。着物を解体して、その着物から二人の娘の服を作ったのです。緑色の服だったようです。六歳と四歳になる娘にその服を着させ、一緒に仙台の裁判所へと出かけたのです。

そして、「子どもたちに着させる服もなく、この日のために私の服をつぶして子ども用の服を作ってきました。上の男の子にはこの色の服を着させることができませんから、家においてきました」「私たち家族に飢えて死ねとでも言うのですか。生きていくために、お国からの許可こそもらっていませんが、正当にお米を売る商売をしたのです」などの抗弁をしたと言います。

裁判の結果、何がしかの罰金を支払うことで決着がついたそうです。

そんな事件があってから、闇米商売から手を引くことになったようですが、四年ほどの闇米商売で得たお金で富岡町に小さな家を買うことができました。

一家五人が出て行くのですから、叔母さん夫婦はホッとしたことでしょう。キンヨさんは「本当に長い間お世話になりました」との挨拶とともに、いくらかの現金を叔母さん夫婦に渡して新居へと移っていきました。

その後は、夫の仕立ての手伝いを、コツコツと十数年にわたって続けていったのです。仕立ての仕事であっても、商売をするには人が頻繁に通行する駅前でなければいけないとのことから、数年後には富岡駅前に新店舗を開業したのです。

しかし、キンヨさんは、ただ黙々と夫の手伝いをしていただけではありません。子育てが終わると福島弁で言うところの「サンガラな性格」もあって、素人踊りに興味を抱き、自分なりに振り付けをしながら、歌も覚えていくのです。積極的な性格もあって、数年後には老人会で歌や踊りを披露するボランティア活動に精を出していったようです。当時としては珍しい地域の老人会を慰問して回っていたのです。それは、寡黙な旦那さんと、一年三六五日、顔をつき合わせていることにあきあきしていたからかもしれません。

第四節　転機を迎えたキンヨさん

この間に、戦後の日本は、日本人一人ひとりが家族や生活を守るべく頑張った復興の時代から、高度経済成長の時代へと移っていきます。

キンヨさんと四歳年上の夫サブロウさんと、一男二女の子どもたちの生活も徐々に変わっていきます。一番上の長男と次女は、小学校・中学校と成績がよく、中学校のころは、兄妹ともに生徒会長を努めました。兄妹ともに、中学校を卒業すると、地元では有名な公立の進学高校に進んだのです。高校に進んだ長男は、成績が優秀なこともあって国立大学の工科系（最近は理系というようですが）への進学を夢みておりましたが、家庭の経済的理由から国立工科系の受験を諦めて、毎月手当のいただける国立の大学校に進んだのです。

田舎町で紳士服の仕立による生計では、一家五人が食べるのが精一杯でした。東京に下宿をさせ、小遣いや学費を用立てるということは無理な相談でした。

さらに、長男が大学進学を考えはじめたころ、世の中では「首吊り」と称する、店先に紳士服を陳列した安い紳士服が手頃な価格で入手できる時代へと移行しはじめていました。ましてや、イギリス製の生地を使っての高級なイージーオーダーは、いくら腕がよくても地方の町では敬遠されるのも仕方のないことでした。

また、長男の三歳年下になる一九四三(昭和一八)年生まれの長女は、三歳の頃、高熱を発した後に適切な治療行為が行えず、脳膜炎を患った結果、三歳の知能のまま一生を送ることになったのです。結婚するのは無理、まして会社勤めをして収入を得ることはとてもできません。

サブロウさんとキンヨさんは、自分たちがいなくなったあとの長女のことを考えると、とてもじっとしていられるような気分にはなれなかったと思います。長男から五歳下の次女も、小・中・高と成績がよく、長男と同じように大学に進ませたいという思いがありました。

やはり、お金を作らなければと考えるのは、親として当然のことであったと思います。長男を工科系の大学へ進学させられなかったことと、次女である娘をなんとしてでも大学へ進学させたいという強い気持ち、幼くして重度の障害をもつことになってしまった長女の後々の生活費などを、と考えたときお金のことを考えざるを得なかったのでしょう。

キンヨさんが、富岡町の「スゴイおばあちゃん」へと変身していく経済的な理由をあげるとしたら、このころに抱いたこのような心のあり様に関係があるのかもしれません。

もう一つ、キンヨさんが「スゴイおばあちゃん」へと転機を迎える大きな素地に、「芸は身を助ける」ということがあります。そして、この素地が決定的な結果を生むのです。

それは、大好きで続けていた歌や踊りを披露するボランティア活動です。そしてある日、日本生命が開催した顧客歓迎会に呼ばれたことです。キンヨさんは、いつもの慰問会と同じようにその場に集っている歓迎会の顧客に喜んでもらおうと、歌や踊りに精を出していました。そして、その場に、キンヨさんの一挙手一投足に注視していた人物がいたのです。その方が、日本生命の管理職にいた「イチジョウキヨシ」さんです。じつは、イチジョウさんは、将来、富岡地区で展開する生命保険の顧客獲得活動のキーマン探しをしていたのです。そこで、地元のとある団体に打診したところ、それにはワタナベキンヨさんが適任だとの情報を得ていたのです。

イチジョウさんは、キンヨさんの歌や踊りの熱演が終わった後で、さりげない会話を交わし、しっかりとした考えをもっている人だ、との確信を得たようです。それは、日本生命に入社する二年前、一九六〇（昭和三五）年のこと。キンヨさん、四七歳のときのことでした。

そのイチジョウさんが、背広にネクタイ姿で、改めてキンヨさんを訪ねてきたのは、歓迎会が終わってしばらく経ってからのことです。そして、すでに説明したような勧誘の言葉を述べたのです。

「将来、富岡町に設ける営業所は、この地区における拠点にしたい。そのためには外交員の確保と指導も含めてお願いしたい」という言葉です。イチジョウさんは、どこで聞いてきたのか、富岡駅から一〇〇メートルほどの距離に住んでいた、スガワラフミエさんとワタナベキンヨさんの二人に、営業所の中核になって欲しいと、二人を口説きにやってきたのです。

フミエさんの夫は学校の先生だったのですが、「保険の外交員をするなんてとんでもない」、と言って勧誘を断ったようです。でも、さらに強く誘われたようで、日本生命の特約店ならば、と引き受けたのです。そのフミエさんも数年後には社員になります。

キンヨさんは、思案熟考の末、社員になることを決意しました。こうして、一九六二年の初めに、四九歳の生命保険セールスマンが誕生したのです。

イチジョウキヨシさんの人を観る眼に間違いはなかったようです。

もっともそれは、富岡町の何人かの方にリサーチした結果だと言いますから、富岡町の人びとが、キンヨさんの人となりをちゃんと見ていたとも言えます。そして、「話しに説得力があり、優しく、嘘をつかない人」というような、二人に関する情報を得たのです。ですから、熱意をもって諦めずに、しつこく二人に食い下がったのかもしれません。富岡地区における日本生命の中核となる人物として、フミエさんとキンヨさんの二人に白羽の矢をたてたのは結果的に大成功ということになります。一九六〇（昭和三五）年前後、生命保険に対する日本国民の認知度が、現在よりはるかに低かった時代のことです。

「生命保険なんて金持ちが入るもので、われわれ下々には関係ないもの」

こんな程度の認識しかなかった時代ですから、保険セールスは大変だったのです。ちなみに、生命保険の認知度が飛躍的に上がったのは、一九六九（昭和四四）年のテレビのコマーシャルで「ニッセイのおばちゃん、自転車」（作詞：横内理員、作曲：小林亜星、歌：デューク・エイセス）が流れてからのことと聞いています。

キンヨさんが日本生命のセールスマンとして社員になったのは、それ以前のことです。

第五節 「スゴイおばあちゃん」の誕生

経済的な理由から息子が希望する大学に進学させられなかったことを悔やみ、自分でもできる仕事として、生命保険のセールスを選ぶことにしたキンヨさん。すでに説明したように、この五〇歳を目前にした時点での大きな決断には、二人の過去の複雑な思いが入り混じっているようにも思われます。

キンヨさんの夫、サブロウさんは、紳士服の仕立て屋です。尋常小学校卒業と同時に、東京で開業医を営んでいた叔父さんに引き取られ、お客さまの体型に合わせて縫製する東京・銀座にあるイージーオーダー専門店で働くことになりました。店主や先輩方の指導を受けて腕はよかったようで、やがて自分自身、店をもつ夢を抱いたのです。

キンヨさんも、子どものころに両親と生き別れたのち、尋常小学校を卒業するとすぐに、薬剤師の叔父に引き取られ銀座で暮らすことになります。そして、若き日のサブロウさんとキンヨさんは、仕事つながりで懇意にしていた医師と薬剤師の双方の叔父のはからいで、所帯を持つことになったのです。

そして、結婚した二人は、終戦後には富岡町に住みつき、仕立て屋として生計を立てることになります。

しかし、この先になってからも、富岡町の「スゴイおばあちゃん」となったキンヨさんの稼ぎのなかから、少しはまとまったお金を定期的に一番上のお姉さんに送っていたのです。「故郷に錦を飾る」ではありませんが、経済的に余裕ができるようになると、熊本県天草に住むお姉さんを何度か訪ね、会いにも行っていたのです。

このような複雑な思いが絡み合っての決断でしたが、いったん、生命保険のセールスをやると決めたあとのキンヨさんの行動は迅速でした。

入社のためには、まず、本人の健康診断からはじめます。キンヨさんは、健康診断のために行った医療機関で対応してくれた看護師さんから、その場で契約を取り付けてしまいます。おそらく、健康診断を受ける段階では、まだ正式な社員にはなっていなかったのではないでしょうか。どうも、キンヨさんは、普通の人間の尺度では図れない行動力の持ち主のようです。また、一般的には、正式な社員となり、社内教育を受けたあとにセールス活動をするものです。しかし、キンヨさんは、すでに仕事をはじめていたのです。説得力のある話しができた人だとは思いますが、人の心を摑み取ることにも長けていたのでしょう。

キンヨさんは、小さな体の人でしたが、女性としてはダミ声に近い、あるいは「ドス」の効いた声といった方がよいような声の人でした。よく通る大きな声で喋っていたキンヨさんを思い出します。「こんな近くで話しをしているのですから、そんなに大きな声を出さなくても十分に聞こえていますよ」、と私は何度も心のなかで思ったものです。

性格的には、人の失敗を罵ったりせず、むしろ失敗した人間について非難中傷している人に向かって、都会風な言葉でいうとしたら、「他人を怒ったり、蔑むようなもの言いはだめですよ」と直接注意をするようなまっすぐな人でした。

また、周りの人間の気持ちの汲み取り方が早いのです。そのうえに、多種雑多な考えを一瞬のうちに頭のなかでひらめかせ、その考えを順序よく相手に話すのです。そして、話し相手の反応をみながら最終的に結論にたどり着く。そのような思考の組立てが、短時間のうちに整理のできる人でした。

人が不愉快になりそうなことは、決して口に出しません。自分自身を律しながら行動した結果、富岡町の「スゴイおばあちゃん」と呼んでも不思議ではない女性になったのです。

私がキンヨさんを知ったときはすでに、とにかく忙しそうにしており、一日中家を空けていました。どんなに忙しいときでも、他人が喜ぶことであれば、なんでも快く引き受けて実行していたようです。「一人はみんなのために、みんなは一人のために」を地でいくような人でした。

考え方は男まさり、とにかくバイタリティに溢れていました。人の話しには真剣に耳を傾け、聞き上手なうえに、喜びだけは思いっきり表現するのが上手なキンヨさんでした。

第六節　生命保険セールスマンになって

入社後は、毎日、列車に乗り、富岡町から二〇キロ仙台寄りの浪江支所に勤務することになりました。キンヨさんは、将来、成績がトップクラスに入るなんて考えてもいなかったようです。

ただ、やると決めたらトコトンやる人でした。一旦やると決めたら、素早く決断するのがキンヨさんでした。「夢中になれば、夢は開ける」。入社当時には、このような言葉を頭に描いたのでしょう。

この言葉を念頭に、社員として日本生命に入社したワタナベキンヨさんは、「富岡町のスゴイおばあちゃん」として、このあと大変身を遂げていくのです。

キンヨさんは、一九六二（昭和三七）年二月に入社して以降しばらくは、二〇キロ仙台寄りの浪江支所に出社していました。富岡町にはまだ日本生命のオフィスがなかったからです。列車での通勤時間は、片道三〇分余りを要したと思います。このときから、毎日朝早く自宅を出て、夜遅く帰宅するといった生活がはじまったのです。

そのため、浪江支所での朝礼やら事務的な仕事を済ませ、担当している富岡に戻ってくるのがお昼ごろになります。「こんな無駄な時間は早くなくすべきだ」と思うのも当然のことでした。「一日も早く富岡にも営業所を」と考えるのは当然の成り行きでしょう。

富岡駅から浪江駅までの間には、夜ノ森駅・双葉駅・大熊駅と三つの駅がありましたが、キンヨさんは、浪江町に出社すると、浪江町内はもちろんのこと、富岡駅に戻る間にそれぞれの駅周辺の民家や企業を訪問して保険のセールスを行なっていったようです。また、富岡駅の上野駅寄りに竜田駅と広野駅とがありました。もちろん、竜田や広野の方にも出かけました。浪江支社では、ほぼ広野駅から浪江駅までの約三〇キロが活動エリアだったのです。

活動の場所が、駅周辺であっても移動をするのに徒歩では効率が良くありません。そのため、毎月の収入の中から、自転車を買ってはそれぞれの駅前にキンヨさん専用の自転車を置いていきました。自転車を購入するときも、自転車屋さんに交渉して保険加入を決めてくれたお店から買っていたようです。

このあたりから、ギブアンドテイクを実践していたのです。そして、自転車で行くのに遠いお宅には、タクシーで訪問することが次第に増えていきました。

みなさんもご存知だとは思いますが、勧誘員が使う電車代やタクシー代はもちろんのこと、保険契約の前と後に訪問先にお渡しするサービス品などの購入費用は、会社からは出してはもらえません。各自が得た収入からの持ち出しということになります。ですから、一銭も収入のない期間の新人勧誘員は大変です。

こんな時期、勧誘員をはじめたころの主婦のみなさんのご主人の何人かの方は、「話が違うじゃないか」と、言った方がおられたようです。そんなことで、辞めていった勧誘員もいたようで、残った精鋭の皆さんが富岡町での成績をあげていったのです。

その後、富岡町に営業所とする建物を探していた日本生命は、キンヨさんの申し出を受けて、キンヨさんの自宅を営業所として利用することにしたのです。決断の一番の理由は、富岡駅から徒歩一分程度の近距離に自宅があったことと、仕立て屋の作業スペースがちょうど手頃な広さであったからです。

こうして、キンヨさんが日本生命に入社した二年後の一九六四（昭和三九）年に、浪江支所の富岡分駐所が自宅に設けられることになりました。この時当然のことながら一営業ウーマンとしての業務をこなしつつ、富岡分駐所長の肩書きを頂くことになるのです。

入社後、二年目のことでしたが早い出世なのでしょう。二年の間に自らが勧誘員を確保し、そして勧誘員の指導をしながら、自分自身の成績を上げるべく、勧誘業務をこなすといった八面六臂の活躍をしていたのです。

キンヨさんを社員に口説き落としたイチジョウさんもビックリしたのではないでしょ

自宅兼事務所だった建物。左の部分はサブロウさんの仕立屋。

うか。これがキンヨさんの人生の転機というか、やると決めたらどこまでもやりきるキンヨさんの人生の幕が切って落とされていたのです。

ここから、朝早く出かけ夜遅く帰宅するといった生活がはじまり、やがて仕立て屋のサブロウさんも、それまでの生活とは変わり、本業の仕立て作業のほかに炊事や洗濯もする生活に変わっていくのです。

そして、サブロウさんがバイク免許を持っていたことから、バイクを利用しての保険の集金や届け物のお手伝いをすることになるのですから、人生何が転換点になるかはわかりません。やはり「神のみぞ知る」

ということなのでしょうか。

キンヨさんも当初は大変だったようで、のちの「スゴイおばあちゃん」も最初から順風満帆ではなかったようです。

入社後わずかな期間の内に多くの保険契約を取ってきたキンヨさんですが、日本生命は、キンヨさんに保険セールスのほかに勧誘員の増強と、新人勧誘員の現場指導を義務づけていました。

しかし、新人社員とすべき人たちは皆さんが家庭の主婦です。その主婦一人ひとりを口説き落とすほかに、家族の許可も得なくてはなりません。しかも、目先が効いたうえに、ある程度弁の立つ主婦を探さなくてはなりません。

当初は、知り合いの主婦のなかから白羽の矢を立てて交渉を続けていきました。しかし、営業活動のエリアが広くなるにつれて、徐々にお客さんの方からこれはと思える主婦の情報が入って来るようになったとも言います。

キンヨさん自身も入社するとき、いろいろと迷ったわけですから、口説き落とすとき

も自分自身の経験をもとに説得したのでしょう。たとえば、

「私でもなんとかやっているのですから、あなたなら間違いなくできますよ」

「私も精一杯バックアップしますから」

「あなたなら十分やっていける。あなたのような人材を我社では必要としているのです。私と一緒に富岡町で頑張りましょう」

「頑張れば、生活が楽になります」

といった感じで、言葉巧みに口説き落としていったのではないでしょうか。その結果、富岡地区に住む主婦の中から、勧誘員として一五〇名もの方を入社させることに成功したのです。一九八三（昭和五八年）には、本社が発行する全国機関紙に「後輩育成百二十名日本一」の記事として紹介されたのです。


新人社員の入社が決まると、入社手続きのほかに、郡山市にある福島支社に連絡をとり、新人研修の日程の指示を受け、研修初日には、富岡駅前で落ち合い、列車に乗る新人さんの送り出しをました。郡山に出掛けたことない人の場合は、平駅（現在のいわき駅）まで同乗して、郡山行きの磐越西線ホームで見送ったこともあったようです。

福島支社での何日間かの新人研修が終わると、しばらくはその新人さんを引率して、現場指導を兼ねての保険セールスを行なっていくのです。

キンヨさんはやりはじめたらトコトンやる人なのです。入社六年後の一九六八（昭和四三）年には、浪江支所が浪江支部へと昇格しました。富岡は浪江の分駐所としての位置づけは変わりませんでした。しかし、やがて富岡も七八（昭和五三）年四月、富岡支部にめでたく昇格したのです。

日本生命のこの地区におけるキンヨさんに対する期待度がどれほど大きかったのかが、この時点で想像できるような気がします。本業となる保険セールスは、最初の数ヶ月はどうだったのでしょうか。

最初の数ヶ月は、知り合いや知人の紹介する家庭を訪問し契約をとっていったようですが、滅茶苦茶な成績をあげられる訳もなく、ましてや、交通の便の悪い田舎町でのこと、移動手段はバスや列車を利用するのですが、本数が少ないため、駅からの近場は歩いていくしかありません。

限られた時間のなかで各家庭を自転車やバス、そして一時間に一本程度の運行本数しかない列車を利用して訪問セールスをはじめていったのです。バスに至っては、朝・昼・夕の一日に三本しか走っていない場所ばかりです。

キンヨさんが入社した当時、サブロウさんが得る収入では家族が食べていくのに精一杯でした。他の支出をまかなえることができない時期でしたので、次女が通う公立高校の授業料まで滞納せざるを得ない状態に追い込まれていたようです。

次女は、約一時間程列車に乗って通学をしたのですが、授業料が滞納されているという理由で、校内放送で呼び出されては事務室に何度となく通わされることになり、その都度弁明をしたようです。

次女も、勉強はできても、さすがにクラスメートの前では、このとき恥ずかし思いをしたんだろうなと思います。授業料は滞納しても、列車の通学定期代だけは毎月もらっていたようです。この頃、長男は無事に国立の大学校を卒業して防衛庁（現在の防衛省）に入庁していました。

障害をもった長女の老後の生活費を何とかしたいという気持ちと、苦労して女学校を卒業した自分のことを考えると、次女をなんとしてでもお金の心配なく大学に行かせたい、という強い気持ちが、このころ、さらにキンヨさんの心に刻みこまれたのだと思います。

保険に関する新しい資料を入手しては、手当たり次第に勉強し、そして、セールスにと奔走していくのです。大きな契約を得るには、小さな田舎町であっても企業に頼らざるを得ません。このころから法人への訪問を盛んに行なうようになったようです。

法人といえども、最初から見知らぬ「保険のおばちゃん」を相手にするはずもなく、何度となく門前払いを受けながらくじけることなく、つねに笑顔を忘れずに、キンヨさんはいろんな会社を訪問していったのです。

何度となく企業訪問をした結果、出入りの許可が出ると、社長さんや社員の心をつかむために、保険の勧誘は二の次にして、お茶やお菓子などを差し入れしたり、世間話のお相手をしたようです。そんな努力の成果もあって、いろんな会社への立ち入りが許可され、少しずつ契約が増えていくことになりました。

当初、収入と支出のバランスは圧倒的に支出に傾いていたのですが、計算度返しの体当たり接触が、少しずつ皆さんの心を捉えるようになり、契約額が増加していったようです。福島県の片田舎での頑張りが功を奏して、やがて会社内でも年間の契約額が国内のベストテンに入ることになり、何度か大阪本社での表彰式に招かれたようです。東北地方の人口の少ない町でも、努力次第で都会のセールスウーマンより契約額を上回ることができることを示していったのです。このころから、富岡分駐所に勤務する他の女性たちは、精力的な活動をするキンヨさんには、頭が上がらないと思うようになっていったのです。

私が、キンヨさんと出会うのは、それから数年後の一九七五（昭和五〇）年のはじめのことでした。このころのキンヨさんの月収は、六〇万から七〇万円であったと次女から聞いたことがあります。次女ですら正確な金額を聞かされていなかったのですが、その後、月収が一〇〇万円に達していた時期が、少なくとも八二（昭和五七）年であることがわかりました。手取り金額が一〇〇万円ということは、所得税や健康保険料その他住民税などの諸税を差し引かれたあとの、いわゆる税引き後の収入です。税込での収入は優に百数十万円を越えていたことになります。

キンヨさんという人は、つねに前向きな発言をする人でした。つまらない自慢をすることのない人でした。たとえば、「苦楽の、苦は自分の胸にしまい、楽は水に流して」のように、苦しいことや失敗があっても絶対に他人のせいにしたり、失敗をした人がいても、その人間を攻撃することをしません。自分の胸のなかにしまいこみ、成功したときには全員で肩を叩き合って、短い時間に喜びを分かち合うことのできる人だったのです。

第七節　次女ノブコさんと私のこと

次女の名前はノブコといいます。高校を卒業した後は、キンヨさんの望み通り、宮城県の仙台にある私立の東北学院大学に無事進学することになりました。ノブコさんは、経済的なことも考慮して、仙台市にある国立大学を最初に受験しました。しかし、残念ながら不合格となり、経済的な助けとはならなかったのですが、同じ仙台市内にある私立大学へと進学することになったようです。

「スゴイおばあちゃん」の収入もこのころは、努力の成果もあって、やりくり次第で入学金や授業料、そして、下宿代も支払えるようになっていたのです。大学は、文系の西洋文学を専攻したとのことです。

仙台という街は、仕事の関係で私も頻繁に訪れた街です。いくつもの大学のある地方都市特有の静かな一面と、仙台駅付近の商店街はにぎやかで、人通りの多い雑多な雰囲気を併せもつ文教都市ともいえる街です。

また、八月のはじめには、「仙台七夕祭り」が開催され、全国から観光客が押し寄せるにぎやかなお祭りがあります。ご存知ではない方、一度ご覧になることをお薦めします。のちに、佐藤宗幸さんが「青葉城恋唄」をヒットさせ、仙台市の名前をさらに有名にしてくれました。

仙台は、歴史好きな方はよくご存知の伊達政宗が居城した青葉城があり、この城や城を取り巻く仙台市街の情景を歌詞にし、ソフトな声で歌い上げた佐藤宗幸さんの唄がヒットするのは、当然のことだったと思います。

現在でも佐藤宗幸さんは地元では有名な方として、ソフトなお声と人柄を武器にテレビ番組などで活躍をされています。その佐藤宗幸さんは、ノブコさんが卒業した大学の後輩であることを、後に知ることになりました。

佐藤宗幸さんが、大学時代コーラスサークルに所属していたかはわかりませんが、ノブコさんは大学時代「キャロラーズ」という名の女学生のサークルに所属して、楽しい四年間を過ごしたようです。

ノブコさんは、歌が好きなのです。現在は、千葉県柏市に住んでおりますが、大学時代の「キャロラーズ」のメンバーも結婚後に、関東地方に居住する方が多く、先輩や後輩などの関係なく、毎週のように都内のある場所に集まって、青春時代を思い出すべくコーラスの練習をしているようです、

年齢を重ねても、女性は何人かが集まれば自然と賑やかになるのは当たり前のこと。ましてや、同じ趣味の女性たちの集まり。想像するだけでも賑やかなんだろうなと思います。そうして、青春時代を遠く思い浮かべながら、お腹から声を出して歌い、コーラスが終わったあとには、ケーキや軽い食事などを楽しみながら、他愛ないお話にさぞ花を咲かせているのでしょう。結婚した女性は、多くの方が家庭に入ってしまい、子育てが終われば羽を伸ばしたいと思うのは自然の成り行きでしょう。

そういった観点からみますと、いつまでもこのグループが楽しいサークルであり、良

き青春時代を思い起こさせる場であり、永遠に不死鳥の如くいつまでも気持ちは若くあって欲しいものです。しかし残念ながら、このコーラスグループも高齢化が進み、数年後には解散も仕方がないのかな、という話が出ているようです。

そしてつぎに、私が、どのようにして「スゴイおばあちゃん」を知ることになったのかについてお話ししなくてはなりません。

私は、関西の学校を卒業すると同時に東芝に入社し、本社の原子力部門所属になっていました。

入社後、二週間程の新入社員用の導入研修を受け、続いて所属事業部としての専門知識のイロハ教育を受けたあと、さらに私が担当する専門部門の知識を習得する目的で、中央研究所で実習体験を半年余り行ないました。

中央研究所では、各種の測定器の取り扱い方を学ぶのが主で、学生時代には座学でしかなかった多くの測定器類を取り扱う半年間の実習が済むと、入社した年の暮には、福井県に行くことを命じられたのです。

出かけた先は敦賀原子力発電所（敦賀市）でした。そのときは、原子力発電所の試運転の真っ最中で、翌一九七〇年に開催される「大阪万博」に電気を送電するために最後の試運転を実施しておりました。「大阪万博」開催の前日に多くの技術者の努力のかいもあって、無事に営業運転を迎えることができました。

このとき、私は本社に戻っておりましたので、関係する皆さんとともに、「バンザイ」との声を社内であげて祝ったものでした。「大阪万博」も終わった翌七一年から、私は福島県の発電所、福島第一原子力発電所（大熊町、双葉町）を担当することになり、最初の数年間は本業を行なうと同時に雑務をこなしながら仕事を続けており、大変な毎日の連続でした。

ひと月やふた月、平均睡眠時間が二から三時間なんてこともざらにありました。現在、このような勤務をしていることが発覚すれば問題視されて、労働基準監督署の査察が行なわれることでしょう。

そのころは、原子力発電所の建設・運転・保守点検などの専門分野を担当できる人間が少なかったこともあり、無茶苦茶な勤務をしていた期間が数年はありました。こんなことから、雑務は専門知識がない人でもできるので、女性を採用して欲しいと上司や部長にお願いをしてやがて希望が受け入れられることになったのです。

それは、最初から簡単には了解してもらえる希望ではありませんでした。くじけずに何度も上司に申し入れて、根負けした上司の了解が得られたのは、私が入社して六年余りの歳月が過ぎてからのことでした。

そして、私の希望を上司から受けた、東芝の関連会社である工事会社の所長さんから、「アリさん（私の苗字の頭文字の上が有で、学生時代からアリさんと呼ばれることが多かったので、職場でも抵抗なくこの呼び名を受けいれておりました）、あなたの仕事の事務関係を処理する女性が決まりましたよ」

「大学出の女性で、若干ながら専門知識が必要となるアリさんの仕事をこなせるようになるには、少し時間がかかるかもしれませんが、よろしく指導してやってください」

そして、数日のちに所長がその女性を連れて事務所にやってきました。この女性がノブコさんでした。のちに私が、この女性と結婚することになるなどとは思ってもいませんでした。しかし、数ヶ月後には、結婚を申し入れて承諾されることになります。

ノブコさんと初めて出会ったのは、私が二九歳のときでした。工事会社の所長の言うとおり、気の利く女性でした。彼女にとっては、全く初めて経験する職場です。その上、作成する書類に記載する設備名称は、すべて英語表記です。システムを知らない人間にとっては、難解な名称ばかり。

そのため、ノブコさんは「〇〇とはなんでしたっけ」と聞いてきます。仕方のないことなのですが、忙しいのに、同じことを何度も聞かれると勘弁してくれといった気持ちになってしまったのは事実です。

わからないことを何度でも聞くのは原則です。その結果、正確でかつ間違いのない書類が作成できるからです。いままでとは全く違った世界に、突然入れられて、ノブコさんも困ったことでしょう。

ノブコさんは、私が現場などに行って不在のときには、近くにいる男性にも質問していたのです。「責任ある仕事を実行したい」。書類の不備などで関係者のみなさんに迷惑をかけないように、と必死に頑張っていたようです。

同僚から、「アリさん、彼女に冷たいんじゃないの」と、言われたこともありました。

しかし、彼女はそれでもしつこく聞いてきたのでした。

そのころ、ノブコさんは内心では私のことを、「イケスカン男」とか、「相手に対する思いやりに欠けた男」との印象を抱き続けていたようです。

同じ職場の女性に「アリさんは独身よ」と聞かされてからも、いつもの服装から、上は作業服で、下がチェック柄の細めの普通のズボンを履いた、「エーカッコしーの、イケスカン男」との印象をしばらくは抱いていたようです。

作業服はこの当時、社名の入った上着の着用は義務付けられておりましたが、ズボンにはとくに決まりはなく、派手なものや、だらしない形のものでなければ、周囲からのお咎めを受けることのない時代でした。

現在は、会社指定の社名入りの上着に、同じ生地で作ったズボンを履く制服時代へと変わっています。しかし当初、お互いに恋愛感情など抱くような状態ではありませんでした。

彼女と職場で出会った年の末のこと。現地事務所の男性だけでの忘年会が行なわれました。所長の命令で、私に幹事役が命ぜられました。

忘年会の出席者は、約二〇名ほど。忘年会は盛り上がり、来年の飛躍をそれぞれが誓ってお開きになり、タクシーを呼んで全員を帰宅させました。

みんながタクシーに乗ったのを見届けたあとで、私も帰宅するためにタクシーを呼びました。しかし、すでに予約が入っており、「いまからだと、一時間待ち」との連絡。具合の悪いことにその日は、一二月二四日のクリスマスイブだったのです。タクシーがなくなるのも当然でした。時はすでに夜の一〇時三〇分過ぎだったのです。

一二月末ともなると、福島県の太平洋側でも夜は寒いのです。明日はまだ仕事があるので、とにかく早く帰って寝たい、との気持ちがだんだんと強くなってきました。本当に困り果てました。一時間も寒空の下でタクシーを待つなんて冗談じゃない、と思ったのです。

そんなときに、ふと、ノブコさんの家の近くにいることに気づいたのです。もう、頼みの綱はノブコさんしかいない。そう思った途端に、彼女に頼むという頭しかありませんでした。彼女に電話して起きていたら、マイカーで送ってもらえると思ったのです。

しかし、夜も一〇時を過ぎていましたから、寝てしまったかなとも思いながら電話をしてみました、幸いにもまだ起きていました。

これは天の助け、それとなく事情を話して、

「会社の寮まで送ってくれませんか」

と頼んでみたら、

「いいですよ」

との返事。店の名前を告げると、間もなくマイカーでやってきてくれました。

嬉しかったですね。車のなかで、

「いつもこの時間まで起きてるの」と聞くと、

「今日は、誕生日なので、そのお祝いをしてもらっていたので、この時間まで起きていました」

などと聞かされている間に、車は会社の寮に到着。

お礼を言って車から降りる直前、ノブコさんに感謝の意味を込めて軽くチューをしたのです。

そうしたら、ノブコさんは、きつい言葉で
「明日会社を休みます」
と一言。私は、一瞬、全身が固まってしまって、
「そんなことを言わないで、休まないで、明日来てください。待ってます」
と言ったような気が……。その晩は、ノブコさんの言葉が気になり、しばらく寝つけませんでした。

その翌日、恐れる気持ちを抱きながら職場に出勤しました。すると、何もなかったような顔をして仕事をしているノブコさんの姿があるじゃありませんか。

嬉しかった！

私の軽率な振る舞いから、ノブコさんが本当に会社を休んでいたらどうしょう、と内心ビクビクしていましたので、その喜びもひとしおでした。。

顔を合わせた瞬間、私はノブコさんに向かって深々とお辞儀をしたかったのですが、職場のみんなの眼もあります。そこで、心のなかで「昨夜のこと、ごめんなさい」と謝りながら、小さな会釈をしました。

数日経った夜、年末年始の当番になった同じ寮にいる平田くんと独身二人で、寮で酒を飲んでいました。そこへ寮の管理人からの館内放送がありました。

「アリゾノさんお客さんです」

誰だろう、と思いながら玄関まで出てみると、着物を着たノブコさんが何やら包を持って立っているではありませんか。おせち料理風な食べ物をノブコさんが差し入れとして、私のもとに届けに来てくれたのです。

この時、ノブコさんは、

「正月当番ご苦労さまです。正月はお店も閉まっているので、お酒のつまみ用に私の手料理を持ってきました」

と言って、包を差し出しました。お礼を言いながら、私はその包を受け取りました。この玄関先での、私とノブコさんとのやり取りを平田くんはずっと見ていたのです。

そして、ノブコさんが帰ったあと部屋に戻ると、

「ナベさんは、アリさんに気があるんじゃないの」

「そんなことないよ、私は彼女に嫌われてるもの」

するど、平田くんがこう言ったのです。

「それは、おかしい、嫌っている人間に手料理なんかわざわざ持ってくるはずがない」

そんなことを言いながら早速、差し入れされた手料理を肴に、酒を飲み直しはじめたのです。

「なかなか、この差し入れ美味いじゃないの」

二人してそんなことを言いながら飲み続けました。年末年始の寮は、私と平田くんと寮長の三人だけ。ほかのみなさんは自宅へと戻ってしまったあとなので、閑散とした静かな寮で二人して酒を飲み続け、夜も更けてから就寝したのです。

年末年始の六日間は、毎晩現場から戻ると平田くんと二人で、酒を飲んでいましたが、平田くんが突然、こう言ったのです。

「ナベさんは、ぜったいアリさんに気があると想うよ」

すっかり舞い上がってしまった私は。ハートがかなりの勢いで、ノブコさんの方へと傾いていったのです。

第八節　プロポーズ、そして、結婚

正月四日、年末年始の休暇を終えた所長以下、ほかのみなさんも戻ってきて、それぞれが恒例の新年の挨拶を済ませたのち、新しい年の仕事がはじまりました。年末年始の六日間、平田くんと私と、工事会社の数人が勤務していた閑散とした職場が一気に賑やかになりました。

同じ職場に女性事務員が五人ほどいましたから、甲高い声が職場内に響き明るさが戻ったのです。その年の、正月明けの私の気分は、そんなに浮かれた気分にはなっていませんでした。

女性のなかには「胸キュン」などという言葉を使う人もいますが、当時の私は「胸キュン」といったような気分ではなく、他の男性に取られる前に、ノブコさんと個人的な付き合いをせねばならぬ、との強い思いに捉われていたように思います。

同じ職場には、国立や私立大学出身の独身男性がゴロゴロいました。なんとか、二人だけのお付き合いをせねばならぬ、猛アタックをせねばならぬ、といった意識をもつようになっていたのです。

最初の一言を思い出すことはできませんが、「コーヒーでも飲みに行きませんか」とでも言ったのだと思います。じつは、コーヒーはあまり好きでもなかったのですが、なんとかして交際の糸口を作ろうと必死だったのです。意外にも、快く応じてもらえました。

福島県の浜通りにある小さな田舎町でしたが、当時、富岡町には喫茶店が二軒ほどあったのです。喫茶店で何回かデートをしました。そこには、職場の人間に出会ったときには、なんと言い訳をすればいいのかな、などというつまらない考えをしていた自分がいました。

デートを何回か繰り返しているうちに、ノブコさんも両親に打ち明けたのでしょう。「そんな人がいるなら、外でお金など使わずに家に来るようにしたら？」とでも言われたのだと思います。ノブコさんの自宅に伺ったのは、二月に入ったころだったと思います。

女と男の出会い、ひょんなことからはじまり、帰結していくものなのですね。世の中では、「縁のもの」という一言で片付けてしまいますが、まさにその通りの単純明快な言葉だと思います。

その「縁のもの」に惹かれたんでしょう。私は、彼女に結婚を申込みます。答えは、意外に簡単なものでした。

「はい、よろしくお願いします」

その後、ノブコさんのご両親にお会いしてご了解を得えなくてはなりませんから、自宅にお伺いする日を決めるのに少し時間がかかりました。それは、お母さんが在宅している日時を決めるのに日数を要したからです。

お母さんというのが、この物語の主人公でもある「富岡町のスゴイおばあちゃん」のキンヨさんです。朝早くから夜遅くまで仕事で飛び回っているお母さんですから、セールスで約束した訪問先が途切れる日を決めるのに時間がかかったのです。

「忙しいお母さんなんだな。ちょっと難しいお母さんなのかな」

と思いながら、ノブコさんの自宅に伺い、家庭を仕切っているのはなんとなくお母さんだろうという考えから、一通りの初対面の挨拶を交わしたあとに、キンヨさんに向かってこう言いました。

「お宅の娘さんと結婚させてください」

キンヨさんは私に

「それは、あちらの部屋で仕事をしているお父さんに言ってください」

との返事に、家長はわたくしではありません、家長たる主人に断りを入れてください、とのことだったと思いますが、私はこのとき、キンヨさんの人物を観たような気がします。あの時代に多く見られた内助の功を地でいく、良妻賢母の一面を観たような気がしました。

ここまで二人の出会いから結婚の約束をしたことまでを、簡単に書いてきましたが、私とノブコさんが同じような感性の持ち主だったというのが快諾を得る結果に結びついたのだと思います。

私の父は、鹿児島県出身で、生前、「人さまには迷惑をかけるな。嘘は絶対につくな」と言われて育ってきました。この言葉を指針として成人したような私です。

ノブコさんは、「スゴイおばあちゃん」の影響を受けたようで、「駄目なものは駄目」と、はっきり言葉にするような明瞭な性格の女性として育っておりました。個人的な付き合いを初めて、三ヶ月ほど経った、桜の花の咲く少し前（福島県の浜通りでは四月の半ば頃が花見シーズンです）が、私がプロポーズしたころであったと思います。

結婚オーケーの返事をもらえば、二人して同じ職場にいるわけにはいきません。ノブコさんは四月末で退職することを、上司である工事会社の所長に話しにいくことにしました。そして、上手い具合に後任の女性が決まり、一般的な引き継ぎも問題なく終わったのです。

ノブコさんが退職する理由を、周りの女性は気にしました。

「ナベさん、なんで辞めちゃうの」

とでも、仕事仲間の女性が聞いたんでしょう、するとノブコさんは、

「東京のサラリーマンと結婚するの」

と言い、それ以上のことは言わずに退職していったようです。

女性たちは、いつの間に東京のサラリーマンとお付き合いしていたんだろう、しだいに、女性仲間での話では、「アリさんだって東京のサラリーマンじゃない」とのことになったのでしょう。

ある日、代表格でもあり、私とよく話をしていた女性が、私に向かってこう言いました。

「ナベさんは、東京のサラリーマンと結婚すると言って辞めたんだけど、よくよく考えてみればアリさんも東京のサラリーマンですよね。ナベさんが結婚する相手と言うのはアリさんですか」

と聞いてきたのです。私は、ちょっとためらったのですが、

「そうです」

と返事をしました。

その事務員は、やっぱり、という顔をして、

「アリさんで、よかった」

そうつぶやいて席に戻っていきました。

ただ、ノブコさんは、上司に直談判をして雇用してもらった女性です。その女性を、たった数ヶ月で退職させたという後ろめたい気持ちが私にはありました。


私の職場の本拠地は、あくまでも東京の本社です。出先で結婚を決めたものですから、そのあとが大変でした。結婚式場、仲人、住居などを早急に決めなくてはなりません。

上司には六月末に結婚するとの報告をしましたので、五月末には本社に戻され、後輩が後任として現地に着任しました。四月末には、ノブコさんを連れて私の実家がある福岡県北九州市の八幡に連れて行き、両親に引き合わせました。

オヤジも「いい女性だね」と喜んでくれたことを、昨日のことのように思い出します。

このとき、喜んでくれた私のオヤジも二〇〇六（平成一八）年六月に九〇歳で亡くなってしまいました。

二人の東京での新居については、当初、会社施設の新婚アパートを申し込んだのですが、抽選で外れてしまいました。再度、新婚アパートにこだわらず会社のアパートを申し込んだのですが、これも抽選で外れてしまいました。そんな経緯もあって、アパート探しは、ノブコさんに頼むことになりました。

当然のことながら新居探しは、結婚する前のことです。この時期、私はまだ福島県富岡町の出先機関に勤務しておりましたので、職場を離れて新居探しをすることができません。それで、退職していたノブコさんに新居探しをお願いしていたのです。

福島県から、地理に案内のない横浜に出てきての新居探しは簡単ではありません。当時、私が住んでいた会社の独身寮付近で探してもらえればいいのではないかと考え、独身寮近くの不動産屋さんを尋ねるように伝えていたのです。

日帰りでの新居探しでしたから、時間をかけずに探す必要がありました。そんなことから、不動産屋さんから最初に案内された新横浜駅から歩いて一〇分弱のアパートに決めて契約したのです。ちょっと年数の経った建物でした。不動産屋さんには、「新婚さんが住むのにこんな古いアパートでいいの？」と言われましたが、新横浜に近く、家賃の安いことが決め手でした。

富岡の自宅を出るときにキンヨさんから、

「ヒロユキさんは忙しいから、今日のうちに契約してきなさい」

と言われ、二〇万円のお金を持たされて、ノブコさんは横浜へと出かけたのです。大金を持っての見知らぬ土地でのアパート探しです。女の身で大金を持っていたことの不安感と、キンヨさんから言われたことを実行するために、家賃の金額も手頃との判断から少し古いアパートでしたが、ここに居住することを決めたのです。

私の月給が当時一〇万円ほどですから、家賃が高くては家計に破綻をきたすとの考えが、ノブコさんの頭にはあったのです。そして、結婚後このアパートに住むことになりました。

また、新横浜に住居を決めたのは、かつて私が住んでいた会社の独身寮が、東急東横線の菊名駅（横浜市港北区）にあり、その独身寮が新横浜駅と目と鼻の先にあったからなのです。荷物の移動が簡単にできるからとの理由もあります。

同時に進めなければならなかったのが、式場を決めることです。式場は、ノブコさんの知り合いの方からの紹介で、山手線の品川駅から一つ横浜よりに外れた、大井町駅近くの公共の施設を利用することにしました。

このように、式場とアパートは、仕事を辞めて自宅にいるノブコさんにお願いして、東京に出向いてもらい決めたのでした。


私が結婚したのは一九七五（昭和五〇）年でしたが、当時、新横浜駅周辺は殺風景な空き地ばかりが目立つ場所でした。その後、時代の流れで駅周辺は隙間もないくらいの鉄筋コンクリートの建物が建ち、今ではあの当時の面影がすっかりなくなってしまいました。

そして、仲人さんへの依頼です。仲人さんを決める作業が、大変なことだとは当時思いもしませんでした。私の実家は当時、北九州にありましたが、父親の知り合いに仲人をしていただける方がいないか電話でお願いしたのです。

サラリーマンだったころのオヤジの同僚が、関西の尼崎に住んでいたので、その方に聞いて頂いた結果では、「関西で式をあげるならいいですよ」というところまで話は進みました。一度は、式場のキャンセルまで考えてのことです。しかし、ノブコさんの両親が大阪での挙式に反対したのです。

それは、身内の皆さんにあまりにも負担がかかりすぎるとの理由であったかと思います。やはり、式は東京でということになり、仲人は職場の上司にお願いすることになりました。

住まい・式場・仲人は決まりました。新婚旅行先は、私の希望でもあった、南北海道にしたのですが、とくにノブコさんの反対もなく、旅行会社にすべてをお願いしました。こうして新婚旅行についても決着したのです。

やれやれ、私にとっては一安心と思っていたところに、ノブコさんのお母さん、ここでは「スゴイおばあちゃん」いわく、

「結納金はどうしますか?」

とのこと。私は結納金という支出を考えてもいませんでした。

「ああ、そうかまだ結納金という問題があったか」

内心思ったのですが、口から出た言葉は、

「それは、何ですか」

オウム返しに聞いたのです。返ってきた言葉が、

「結納金によって花嫁道具を購入するのです。これが、世間一般の習わしです」

私はその言葉を受けて、こんなことを言ったのです。

「結婚式や新婚旅行の費用はすべて実家の援助は受けません、それで式場は申し訳ありませんでしたが、公共の施設にさせていただきました。さらに実家の援助を受けずに私は、マイホームをもちたいのです。ですから、タンスやその他は安いもので構いません。結婚後家財については改めて買い求めることにしますから、結納金は勘弁していただけませんか」

すると、「スゴイおばあちゃん」の返事は、「わかりました。あなたの言う通りにします」というものでした。これで、結婚までの儀式がすべて終わることになったのです。

結納金を決める話し合いには、ノブコさんのお父さんは出席しておりません。やはり、この家の実権を握っているのは、仕立て屋のサブロウさんではなく、「スゴイおばあちゃん」であることを、このとき、改めて知らされたのです。

第九節　仕立て屋のサブロウさん

「富岡町のスゴイおばあちゃん」のご亭主たる、仕立て屋のサブロウさんのことです。

サブロウさんは、幼少期、妹や弟の子育てで青春時代を棒に振ってしまった一番上のお姉さんに育てられことで、笑うことの少ない少年でした。

お姉さんにいつまでも甘えることはできません、独り立ちするためにも尋常小学校を卒業すると、すぐに東京で開業医をしていた厳格な叔父さんのもとへと、巣立っていったのです。医院を営む叔父さんのもとで、少年期から青年時代を過ごしました。

こうして育ってきたサブロウさんは、一言で言うならば、職人気質とでもいいますか実に寡黙な人でした。私が「こんばんは、お邪魔します」と挨拶をしても、「こんばんは」との一言で終わり。次の言葉が期待できない人でした。

何度か訪問する間に慣れてしまいましたが、在宅しているときは、自宅の玄関脇にある仕事場で、黙々と針仕事か業務用のミシンを動かしていました。仕事場にいないときは、バイクに乗ってどこかに出かけているのです。

出かけているときは、ほとんどが「富岡町のスゴイおばあちゃん」に頼まれた集金だったようです。この当時は銀行振込みが一般化されていない時代ですから、集金というのも大変な仕事でした。たまに、おばあちゃんに頼まれて保険契約者への届け物や、食事の準備のための買い物もしていたようです。

私が、この家に出入りするようになったころの食事は、毎食「仕立て屋さん」であるサブロウさんがつくっていました。食事の味付けは、熊本県天草で生まれた割には、私にはしょっぱい味でした。

ある日出された「うどん」は、煮詰め過ぎたためか、醤油で絡めたようになっており、とても「うどん」とは呼べないような代物で、しょっぱくてお世辞にも旨いとは言えない食べ物になっていました。一〇代で東京生活、そして終戦後からは福島県暮らしでしたから、しょっぱい味に馴染んでいったのでしょう。

ちょっと脱線することをお許しください。私は、歴史大好き人間です。仕立て屋のサブロウさんは、天草で生まれました。天草といえば、江戸時代の初期、島原の乱を引き起こした天草四郎で有名になった地でもあります。

島原の乱の首謀者とされる天草四郎は、徳川軍によって、原城落城とともに命を落としました。首謀者とされる天草四郎は、このとき一六歳、本当の乱の首謀者は庄屋とか浪人者だともいわれているのです。

つまり、天草四郎が事件を起こしたのは、一〇代半ばの、どこから見ても見目麗しい美男子でしたから、彼を信者獲得のためと、キリシタン信仰者の心をつなぎとめる「道具」として、大人に利用されたのだという説が有力です。

天草四郎は、関ヶ原の合戦で西軍についた小西行長の家来で、益田氏の末裔であったようです。小西行長は、関ヶ原の合戦で敗北した後、徳川家に切腹を命じられたのですが、切腹を拒否して斬首され、命を落とした大名でした。

小西行長亡き後、益田氏は天草に渡り、生活の基盤を築いていったようです。その天草は、私が高校時代に修学旅行で行った地なのですが、風光明媚な島で、子ども心にも機会があれば、「また、行ってみたいな」と思った地でした。

仕立て屋であるワタナベサブロウさんのワタナベ姓について、私が勝手に思っていることがあります。源平合戦で、平家は壇ノ浦の戦いで敗れ去ってしまいますが、壇ノ浦の戦い前の屋島の戦いで、瀬戸内海が大荒れに荒れた荒波のなかを、大坂方面から屋島へと源義経を運んだ水軍がワタナベ党であったとされております。

まさか、こんな荒波の海を渡ってくるなど予想もしていなかった平家軍は、不意を突かれ、ここでもカスミの如く逃げ去るのでした。

このあと、壇ノ浦の戦いで源氏軍は平家軍を滅ぼしてしまいますが、大勝利を収めたはずの源義経は、ある人物の讒言もあって源頼朝の怒りをかい、平泉で滅ぼされてしまいます。これより以前、源義経とゆかりのあった人びとは、源頼朝に討伐されるのを恐れて各地に逃れていったようです。

屋島の戦いで、義経と共に屋島に同行したワタナベ水軍は、天草方面に散っていったようなことを歴史本で読んだ記憶があります。ワタナベサブロウは、このときのワタナベ水軍の末裔であるようなロマンを勝手に思い描いている私です。とはいえ、生まれたのが天草のどの地であったのかを、私は聞いたことはないのですが。

第一〇節　おばちゃんたちの宴会

話を「スゴイおばあちゃん」に戻します。

恵まれない家庭環境で育ったキンヨさんが、日本生命に入社したのが一九六二（昭和三七）年のこと、そして私と出会うことになった七五（昭和五〇）年はじめまでの一三年の間に、保険セールスだけで得た月収が六〇から七〇万円になっていたのですから驚きです。

もっとも、はっきりとした月収については、キンヨさんから直接聞いたわけではありませんから、もっと多くの月収があったものと思います。私がキンヨさんに出会ったころには、すでに数軒の貸家や持ち家を保有していましたから。

キンヨさんの自宅に出入りするようになってからしばらくして、押入れのなかにやたら沢山の、派手な女性用の衣装や股旅姿の衣装があることに気づきました。

当時、それらの衣装のことをあまり気にすることはありませんでした。女物の衣装が多かったのですが、そのうちの男物の衣装を私自身が身につけることになるなどとは思ってもいませんでした。

どこの街や町内でも、夏には盆踊り大会が盛大に開催されますが、富岡町でも小学校の校庭で毎年行なわれていました。しかし、小学校の校庭を利用することに、いろいろと問題が発生してきたのです。

盆踊りには、中央で太鼓をたたくための櫓が必要です。櫓を立てれば夏休み中とはいえ、校庭が狭くなり、子どもたちの日中の遊び場所が制限されます。また、風が吹けば櫓が飛ばされてしまう恐れもあります。子どもたちが怪我をすることにもなります。最悪の場合、怪我ではすまないことにもなるでしょう。また、校庭の周りには屋台もつくられます。商店街の人にとってはひと仕事になのです。

そんな事情が隠されているものの、とりあえずは、ゴミが出る、後始末が大変というのが理由で、小学校での盆踊り大会ができなくなったのです。そうして、ある夏からは、人通りの多い繁華街の通りで行なわれるようになりました。

こうなってみると、「暗い小学校の校庭で開催するよりも、夜間でも街灯で明るい」「人通りの多い商店街通りのほうが、出店を出しやすい」「道路が舗装されているのでホコリがたたない」などという利点もあります。

商店街の理事のみなさんや若い店主さんたちも、各商店のPRにもなりますから、時代の流れとともに、商店街通りでの開催へと変わっていったのは自然のなりゆきかもしれません。商店街での開催になりますと、改めて屋台を作る必要がなく、店先を利用できるのですから、手間やそのほか多くのメリットがあったようです。

その結果、年々、盆踊り大会も賑やかになり、盆踊り会場から外れた通りに、屋台がつくられ、やがて屋台の数も開催回数を重ねるたびに増えていくのです。

私が、富岡町の盆踊り大会を初めて見たのが、最後の小学校校庭での盆踊りでした。翌年の商店街通りでの盆踊り大会を見に行くのが二度目だったのですが、その二度目の盆踊り大会に私は参加させられるハメになったのです。大会前日、「スゴイおばあちゃん」は、押入れから三度笠衣装を取り出し、「これを着て盆踊りに参加しなさい」と私に言うのです。

時期が夏だけに、三度笠スタイルでは「暑いな」と私は思いましたが、「笠で顔を隠せるから、まあいいか」と考えて参加を決意しました。夏場の盆踊りに、とんでもない派手な衣装で踊るものですから、祭りを見ていた子どもたちが近寄ってきては、笠のなかの私の顔を覗き込みます。

「まいったな」

そう思いながら踊り続けましたが、職場や知人に見られたら、なんて言い訳をしょうか、などとも思いながらの盆踊りでした。無事に盆踊り大会を終わるのですが、お盆休みと重なっていたため、職場のみんなは自宅に戻っていたこともあり、言い訳をせずに済ませることができました。

祭りの翌日、いろんな衣装を持っている「スゴイおばあちゃん」に、

「この衣装は何に使っているのですか」

と聞くと、毎年職場で行なわれる忘年会や、退職者が出たときの送別会、不定期に行なう慰労会で余興として派手な衣装を身にまとい演芸をやったとのことでした。

参加者の大半がおばちゃんたちです。「お酒も飲まずに、シラフでよく演芸などできるな」と、私は心の中で思ったほどです。ちなみに、私が、富岡町の盆踊り大会に参加したときには、二合ほど酒を一気飲みして参加したものです。

キンヨさんが自宅にあった衣装を着て演芸をやっていた姿を見たことはありませんが、派手な女性用の衣装や、股旅姿に刀を身に付け音楽に合わせて踊っている姿を当時、思い浮かべた自分がいました。

キンヨさんが亡くなったときに来られた、職場の皆さんに演芸の話を聞かされました。

「上手でしたよ。一生懸命踊っている姿に感動していました」

お世辞も含まれていると思いますが、みなさん褒めていました。こんなことからも、職場のおばちゃんたちに好かれていたのだということを知るのです。

亡くなった一年後に、会社で関わりのあった方たちが、キンヨさんを讃えるために作成した追悼文集のなかに、踊っているキンヨさんの写真を見ました。歌や踊りなどの芸達者ぶりを皆さんに披露していた証でした。

第二節　面目躍如

若かりし頃、サブロウさんの下働きをしていた時代とは異なり、「スゴイおばあちゃん」は日本生命に入社したおかげで、心の底に眠っていた男まさりの行動力と話術が一気に花咲き大変な成果を収めていきます。

セールスをはじめた頃、個人を勧誘したところで限界があることから、必然的に誰しもが行なう企業訪問をはじめたのです。企業訪問と言ったところで、地方の小さな町でのことですから、従業員数人程度の会社が大半でした。当初は行った先々で、玄関払い同然の断りかたをされたようで、断られても、断られても笑顔でしつこく訪問してくるおばちゃんに負けた企業側が、社内への立ち入りを許すと、徐々に社長や従業員の心をつかみお友だち的感覚になっていったようです。

保険会社側もキンヨさんに対する対応も次第に変わってきて、富岡町の分駐所が富岡支部へと格上げされていくのです。生え抜きの支部長が富岡町に着任するのですが、その後、支部長の補佐役としての地位を得たようです。富岡分駐所が、富岡支部に昇格したのが一九七八（昭和五三）年四月のことでした。

支部補佐時代、支部に勤務していた一〇数名のおばちゃんたちをそれ以前よりも、更にうまくまとめたようです。今風に言うと、チームマネージメントがしっかりとできていたんでしょうね。

富岡支部長や支部の皆さんの信頼も厚く、保険会社の評価はますますあがったようです。支部長が着任すると、「スゴイおばあちゃん」は分駐所長としての役職から解放されたものですから、本来の保険セールスに専念することができるようになりました。

「スゴイおばあちゃん」は新任の支部長着任後、何日間かをかけて引き継ぎを行ない、そして本来の保険セールス活動に没頭していきます。しかし、移動距離が長くなることや交通の便が悪いこともあっておばあちゃんはタクシーを使う機会が増え、タクシー代も年々増加していきました。

絶頂期のころのタクシー代は、毎月三〇万円を超えていたようです。地元のタクシー会社にとっては、一個人でしたが最良のお得意様だったことでしょう。サービス品と称する贈答用の品物代や列車代やバス代を含めた経費は、毎月五〇万円程になっていたとのことを、キンヨさんの死後、次女から聞かされました。

そして、一九八二（昭和五七）年には、「スゴイおばあちゃん」の月収は一〇〇万円に達していたのです。保険セールスの営業成績だけでこの数字なのですから、「スゴイおばあちゃん」の面目躍如といったところでしょう。

平成の現在、子育てが終わった女性たちが簡単に就職できるのは、時間給で働くスーパーなどでの仕事が大半なのではないでしょうか。特別な能力や資格をもっているなら話は別ですが、誰しもが特別な国家資格をもっているわけでもありません。働いた時間に応じた金額しか手に入れることしかできません。

ましてや、現在はインターネットの全盛時代。都会では保険を扱う仲介営業所が至るところに開店しています。都会での保険セールスは昔に比べて難しくなっていることでしょう。冷やかし半分でも、保険の仲介営業所で保険情報を手に入れることができるようになり、またインターネットでも容易に入手できるようになったからです。

「スゴイおばあちゃん」たちが、保険セールスをはじめた年代は、いま思えばよき時代だったのでしょう。そのころは、保険に対する認知度が低かったのですが、ＣＭ「ニッセイのおばさん自転車で」が引き金となり生命保険への認知度が飛躍的に向上した時代でした。

各家庭の収入が増加し、将来訪れるかもしれない自分自身の病気のことや、老後のこと、そして家族に対する経済的な負担の減少を狙って、こぞってどの家庭でも生命保険に加入する時代へと入っていったように思います。

今でこそ、女性たちの仕事の中味も多様化しましたが、この当時、女性の仕事のナンバーワンとして、保険の外交員が選ばれていたような気がします。

日本国民の生命保険に対する理解が低かったとは言え、隣の女性たちが保険セールスをはじめたことから、保険の内容がクチコミで宣伝されました。その効果もあって、テレビコマーシャルとは別な形で保険に対する認知度が向上していったことも忘れてはいけないような気がします。

一九四五（昭和二〇）年八月、第二次世界大戦が敗戦といった形で終わりを告げ、それから、僅か二〇年後には日本経済が高度成長時代へと突入していきます。ですから、日本人の強烈なバイタリティーに、改めて敬服の念を抱かざるを得ません。

このような時代にあって、学歴に関係なく個人の営業努力次第で成果を上げることができ、その分収入として還元される保険に対する女性たちの人気度があがるのも自然の成り行きだったことでしょう。

日本生命は、七一（昭和四六）年創業八〇年にして年商一〇兆円に達成し、大阪本社で大々的な記念祝賀式典を開催したようです。「スゴイおばあちゃん」も式典に招待されたようです。

第一二節　セールステクニック

これほどの成績をあげるのですから、「スゴイおばあちゃん」には、セールスのテクニックがあったのかと言いますと、いわゆるテクニックとはどうも違うようです。ただし、服装には気を遣った人でした。キンヨさんなりのオシャレをしていました。明るい色を好んでいたようです。孫は「南国の鳥」と表現しています。

歯ブラシと歯磨きは必ず持っていました。白髪が見えないように、付け毛、今で言えば、ウィッグを付けていたのです。「こんな年寄りが勧める保険に入って大丈夫か？」と思われないようにしていたようです。

ノブコさんはこう言っています。

「キンヨさんは、人間が大好き。話も好き。ベースは誠実で、真面目。優しいし、思いやりがある。でも、計算もできます。その人のライフステージに合わせた対応ができていました」

家族の状況を常に把握していました。話に行く前には、何度もその家の周辺を通っていたようです。いきなりは訪問しません。隣近所の状況を把握したり、出入りする人を見ていたようです。その家人が何時に帰ってくるのか。話を聞くには食事の後だろうと、その時間を把握していました。

そして、声をかけるとしても、本題の話をいきなりはしません。「近くに来たから」と、てぬぐいを置いていったりしていたようです。子どもに手渡すときもあり、「またニッセイのおばちゃんが置いていったよ」と子どもが大声で話す様子もあったようです。ただ、その時の様子で「まずい」と思ったら、すぐに引き返しました。空気を読める女性でもあったのです。

契約した人に子どもが生まれたという話を聞いたり、学校に入学したという話を聞き付ければ、そのときに見合った保険を勧めていたようです。現在では、ファイナンシャル・プランナーという言葉がありますが、まさにそれを実行していた人でした

ここぞと思ったときには、自分を投げ捨てることもできました。どういうことかと申しますと、契約者のためには何でもしていたようです。あの時代ですから、収入があったとしても、経費に大部分をつぎ込んでいたようです。

いろいろな場面で「スゴイおばあちゃん」は自分を投げ捨てていたようです。そのために「助かった」と思う人は多かったようです。そして、助けてもらった人が、「スゴイおばあちゃん」のことを広めていくのです。「キンヨさんの保険に入っておけば間違いがない」と思うようになっていくのです。

その人の経済状況も一目ですぐにわかったようです。カンなのでしょう。仕立て屋さんをしていた時代もありましたから、お金をもっている人は雰囲気でわかったのでしょう。その人の態度でも判断していたようです。

それにしても、がむしゃらに働いていました。孫も「布団で寝ていたことを見たことがない」というように、働き詰めだったようです。一年三六五日、頭のなかは仕事だけ

だったようです。ほとんど家にいたことがないのです。しかし、不愉快な顔を見せたこともないのです。ストレスを溜めることがなかったのかもしれません。

そんな人だからでしょうか。周囲の人に慕われ、毎日のようにいろんな人が遊びに来ていました。家の近くには営林署の独身寮がありました。そこで生活する人が、キンヨさんの家に出入りしていたのです。また、銀行が近くにありましたが、銀行員もよく家に来ていたのです。勤め人だけに慕われていたわけではありません。

高校生もよく来ていました。「キンヨさん、ただいま」との声も響いていました。駅に近かったこともあるのでしょう。不良も出入りしていたようです。当時、富岡駅前には高校生が立ち寄れるような喫茶店やファーストフードがありませんでした。「スゴイおばあちゃん」の家がたまり場だったのです。

また、夜の店で働く人たちも昼間、キンヨさんの家に来ていたようです。ノブコさんは「変な人たちだな」と思っていたようです。昼間は時間があったのでしょう。とくに行くところもありませんし、いまのように携帯電話での営業をするわけでもありません。常に外を見ていたキンヨさんをノブコさんは覚えています。

キンヨさんの家に来れば、お茶は出ますし、ほかにいろんな人がいます。お金のかからないスポットだったのでしょう。豊かな時代ではありませんから。こうした、いろんな人を引き寄せたのは、自営業だったこともあるでしょう。またキンヨさんの分け隔てない性格があったためでしょう。こうした下地があったからこそ、キンヨさんは「スゴイおばあちゃん」になり得たのかもしれません。

第二三節　結婚後

私たちの結婚式には、双方の親戚の方に出席していただきましたが、私のほうは、遠く九州の叔父さんや、兄弟と両親の他に職場の先輩や後輩の方たちに出席していただきました。私の嫁となるノブコの側は、富岡町の両親はもちろんのこと、親戚の方が多数出席され祝福していただきました。

ただ、重度の障害のあった姉と、義兄は出席しませんでした。姉は近隣に住んでいる方に預けてきたようです。兄のほうは、出席できない理由がありました。仕事の都合でアメリカにいたからです。

私たちは、結婚式が終わると新横浜駅近くのアパートで新生活をはじめることになりました。二部屋のほかに小さな台所だけの新居でした。古く小さなアパートでしたが、私にとっては、思い出深い場所になりました。お隣に、ジョウノさんとおっしゃる家族が住んでおりました。

ノブコは福島県や学生時代に過ごした宮城県仙台市内は知っていても、横浜での生活は初めてです。私が仕事をしている間、知人もなく退屈な時間を過ごしていたようです。アパートのお隣りに住んでいた「ジョウノ」さん宅に頻繁に出入りしては、奥さんとお茶を飲みながら時間を過ごしていたのです。

また、結婚式の仲人をしていただいた上司の「ミヤケさん」の奥様のもとへ、月に一度はお邪魔していたそうです。私は、ノブコが普段退屈しているのを知っていましたから、休日の度にアパート近くを散歩がてら、連れ出しては近隣を散策したものです。

結婚式に出席できなかった義兄の家族が、二年間の勤務を終えて同じ年の秋、日本に戻ってきました。ノブコとともに、二人で成田空港に迎えに行きました。この時、私は義兄の家族と、初めて顔を合わせることになったです。

成田空港でのこと。職場の方数名がお義兄さんの家族を出迎えに来ておりました。なんだか照れくさそうな顔をして職場のみなさんに挨拶をしていたのを、昨日のことのように思い出します。私は、義兄カズヒコさん夫妻に初対面の挨拶をした後、二人の子どもに向かって挨拶しました。

「ノブちゃんと、結婚した新しい叔父さんです。よろしくね」

二人の兄妹は、私の顔を見ながら、恥ずかしそうな顔をして小さな会釈をしたのです。

カズヒコさん夫婦には、男の子と女の子の二人の子どもがいたのですが、可愛い顔をした女の子に向かって、

「エリちゃんは幾つなの」と訪ねたのです。

「フォー」

見事な発音で返事をしました。小さな子どもだと、二年もアメリカ生活をすると見事な発音ができるんだなと感心したものでした。

カズヒコさん家族の住まいは、千葉県柏市にある防衛庁（現在は防衛省）の施設内にあ

る家族アパートでしたから、そこまで私たち夫婦は同行して、住まいの場所を確認した後、横浜のアパートに戻ったのです。

　この日は初対面の挨拶をするために、横浜から成田空港まで出かけたことになったのですが、この数ヶ月後、私のマイホーム購入時には、カズヒコさん夫妻に助けられることになります。

第一四節　新居とマイホーム探し

私とノブコが結婚したのは、一九七五（昭和五〇）年六月末のことです。六月初めには、私は三〇歳になっていましたが、結婚式の費用や新婚旅行費用のうち、新郎側が負担すべき費用は、すべて私の預貯金で賄いました。

そんなことが、キンヨさんの心を動かしたのだと思いますが、新婚時代を過ごした新横浜駅近くのアパートの契約時に必要な家賃や敷金と礼金については、キンヨさんが援助してくれたのです。

しかし結婚前、「スゴイおばあちゃん」に、私は宣言していたことがあります。結納金を払わない理由として、私は、「結婚後、できる限り早い時期にマイホームを買います」と言っていました。

その約束を果たすべく、結婚して一年近く経った翌年のゴールデンウィーク前に、マイホーム探しをはじめました。当時、私の東京本社での勤務場所の最寄り駅は京浜東北線にある田町駅（東京都港区）でした。乗り換えなしで通勤できるようにとの理由から、当初は京浜東北沿線でのマイホーム探しをはじめたのです。

横浜方面は高いとの考えもあったものですから、マイホーム探しをはじめた当初から埼玉県の大宮方面と決めていました。しかし、大宮駅近辺では私の収入からして、家計に圧迫を与えずに住めるような物件を探すのが大変でした。

何度目かの大宮方面での不動産探しをしていたときのことです。毎回、新横浜まで帰るのでは疲れるので、柏市に住んでいるノブコの兄であるカズヒコさん宅に泊まりで訪問することにしました。大宮駅から東武野田線に乗って柏駅に向かったのです。

この野田線に乗車している間に、車窓から見る景色が自然イッパイだったのです。

「ひょっとしたら、この野田線沿線が穴場かな、手頃な物件があるかもしれないよ」

という会話を、私はノブコとしました。その会話が、後日、現実となるのですが、このときは予想だにしないことでした。

英語で、「フォー」と、答えた可愛いエリちゃんを横目で見ながら、カズヒコさんと酒を飲み、ほろ酔い気分で就寝しました。

それから二週間後の土曜日。東武野田線沿線の初石駅（千葉県流山市）から徒歩三分の場所に、中古の土地付き住宅を見つけ、購入することを決断するのです。職場への通勤を考えると、柏駅と上野駅で二回の乗り換えが必要になりますが、私にも購入できる手頃な価格でした。

もちろん、ローンを組んでの住宅購入でした。頭金は二〇〇万円余り。結婚と同時に我が家の大蔵大臣となっていたノブコは、生活内容を維持していくためにも、月々の返済金額は四万円以内と決めていたようです。ちょうど新横浜のアパートの家賃が約四万円だったのです。

返済金額を四万円以内にするには、頭金が六〇万円ほど足りません。そこで、カズヒコさんに六〇万円の借用を願い出るのですが、私のお願いに快く承諾してくれました。

それから一週間後、カズヒコさん宅に伺い六〇万円を借用して、不動産屋に行き中古住宅の購入についての契約を完了させせました。そして、一ヶ月の間に登記や転居を終了させてしまいました。新横浜のアパートでお世話になったジョウノさんご夫妻とご家族にお別れをしたのが、昨日のことのように思い出されます。

購入した家は中古住宅でしたが、私にとっては新宅です。結婚した翌年の、昭和五一年の夏には新しい土地での生活がはじまるのですが、転居前、「千葉県に自宅を購入して大丈夫か?」との上司の言葉があったのです。

当時の勤務場所の最寄り駅は田町駅でしたが、社内では数年後に横浜の新杉田駅(横浜市磯子区)前の工場敷地内に社屋を増設して移転するかもしれないとの噂が数年前からあったのです。

五年後には噂の通り新杉田駅に勤務場所が移ることになったのです。その前年、七七(昭和五二)年正月の明けた一月一一日に長男が生まれていました。初石に購入した我が家は、二部屋に小さな台所のついた平屋の小さな建物でした。

それから、二年後の七九（昭和五四）年一月一四日に双子の男子が生まれるのです。出産は、三人とも、ノブコの実家である福島県大野駅（大熊町）近くの産婦人科医院でした。このため三人の戸籍は福島県生まれなのです。

双子が、生まれたときには、初石の家が手狭になることなどから、子ども三人を連れて我が家に戻ってくるノブコを含めた四人を迎え入れる前に、柏駅から徒歩二〇分の場所に建売住宅を探し購入することにしたのです。

双子が生まれてからの三ヶ月の間に、流山市の初石から柏市への転居作業を私一人でやらなければなりません。毎日が大変でした。仕事から帰ると割れ物や細かい物をダンボール箱に収めては、マイカーで引越し作業を少しずつやったのです。

荷物を移動する前、新居の清掃作業を一人でやったものですから、引越し前の掃除が一番大変でした。そして、大物の家具類は引越し業者にお願いして、家族が戻ってくる以前に家具などの移動を完了させたのです。

こまねずみのごとく働いている「スゴイおばあちゃん」は忙しいなか、双子の一人を抱きノブコと五人で柏の新居にやってきました。忙しい「スゴイおばあちゃん」は、子どもを我が家におくとトンボ帰りで福島に戻っていったのです。

初石の中古住宅を購入するときに、カズヒコさんから借用した六〇万円は、翌年利子分として、甥っ子となるカズヤ君に六万円の新しい机を贈るとともに返済しました。

柏市内に購入した建売住宅を購入するときには、頭金となる資金が一〇〇万円ほど足りません。

このときは、私の実家から借用したうえに、私の母親に一ヶ月ほど双子とノブコの面倒をみてもらうために、お手伝いとして北九州からきてもらったのです。

一ヶ月後、母が北九州に戻ってしまったあとは、ノブコが買い物にも出かけられないものですから週末の休みの度に、私が一週間分の食料を買い込むといった生活が数ヶ月続きました。

結婚式にはじまり、新婚旅行の費用、初石での中古住宅購入のための頭金、そして柏市内の建売住宅の購入資金など、矢継ぎ早に使ったお金が合計で四〇〇万ほどであったと思います。

社会人となった私が、一〇年足らずの間に結構蓄財していたことが明らかとなり、

「スゴイおばあちゃん」も自分の娘を嫁として、私に送り出したことに満足したのではないでしょうか。実家から借用した一〇〇万円は、五年後に返却することができました。

第一五節　子ども（双子）の誕生

前節で、長男が一九七七（昭和五二）年の正月明けに生まれたことをお話しましたが、それから、二年後のやはり正月明けの七九（昭和五四）年に双子が生まれたのです。三人とも、富岡駅より仙台側にある大野駅近くの産婦人科医院で生まれたのですが、ちょっとしたひと騒動が起きたのです。

二人合わせて三五〇〇グラムでしたから、通常生まれる赤ちゃんのほぼ一人分しかないのです。二〇〇〇グラムと一五〇〇グラムの赤ちゃんでした。出産前のノブコのお腹があまりにも大きいので、カズヒコさんの奥さんであるマリコさんがノブコのお腹を見

て、

「ノブちゃん、その大きなお腹では双子が生まれるのでは？」

と言ったことがあるのです。しかも、ノブコも定期検診時には医者に、

「先生、このお腹の大きさでは双子が生まれるのではないですか？」

と質問をしたようですが、先生はただ一言、

「そんなことはない」

との返事だったようです。

そんな、やりとりがあったあと、双子は遺伝で生まれるケースがままあるとのことを、小耳に挟んでいたこともあって、私は、北九州の実家に電話をかけました。

「アリゾノの方に双子が生まれた家があるの？」

と、聞いたくらいです。すると返事は、

「アリゾノ名字で双子が生まれたという家を聞いたことがない」

とのことでした。もちろんワタナベ側にもいないとのことでしたから、出産するまで双子のことは、すっかり忘れていたのです。

私は、出産当日は出張で富岡町にいました。「そろそろ、生まれるのではないかな」という看護師さんの話もありましたから、定時間で仕事を終えて帰宅した日のことでした。帰宅すると、すぐに夕食も食べずに二歳になる長男のトモヒロを連れて車で病院に行ったのです。

このとき、「スゴイおばあちゃん」も娘のことが心配で珍しく病院にいました。「忙しいのに、やはり男まさりの女性といえども、自分の子どもは心配なんだな」と、思いながらしばらく病室にいました。

すると、「スゴイおばあちゃん」が、

「トモくんは、もう、ご飯を済ませたの？」

と聞いてきました。

「いいえ、まだ食べさせてはいません」

そう、私が答えたところ、「スゴイおばあちゃん」は

「まだ、生まれそうにないからヒロユキさん、トモくんにご飯を食べさせて」

と言いました。言葉に甘えて長男のトモヒロを連れて実家に戻り、義理のお父さんサブ

ロウさんの作った晩御飯を息子と食べていました。そのとき、電話が鳴り、電話に出たサブロウさんが言ったのです。

「ヒロユキさん、ノブコが双子を生んだよ。お母さんが布団のほか、車で運べるだけのものを持って来てって」

そのため、サブロウさんが出す布団など、すべてを車に詰め込んだのです。バタバタと動き廻る私を、二歳の長男はじっと見ていました。何が起きたのかと、小さな頭で心配していたのでしょう。

愛おしくなった私は、長男の頭を撫でながらこう言ったのです。

「心配しないで、お母さんが二人も赤ちゃんを生んだみたいだよ。トモくんに二人も弟ができたんだよ」

そして、車に乗せて、大熊町の医院へと戻ったのです。車から降りると、長男を従え、持てるだけの布団を持って病院に入って行きました。

思わず看護婦さんが、

「アリゾノさん、何を持ってきたの」

と聞いてきました。

「布団です」

そう、私は答えたのです。看護婦さんは、

「病院には、産着や布団は十分すぎるほどありますので、布団などを持ち込む必要はありませんよ」

とのこと。

私は、布団を車に戻して病室に長男を連れて入室したのです。大仕事を終えたあとですから、ノブコは疲れたという顔をしていました。二人とも未熟児で生まれました。一人は二週間ほどで退院しましたが、一五〇〇グラムで生まれた方は大変でした。

病院の先生はこう宣告してきました。

「網膜剝離の心配もありますから、容器内に酸素は入れません。もしお子さんが亡くなるようなことになれば、この世に縁がなかったと思っていただくしかありません」

「先生も、冷たいことをおっしゃる」と、心の中で思った瞬間、目頭が熱くなったことを思い出します。

ノブコが退院したあと、おっぱいを絞り、水筒に入れたお乳を、毎日のように、サブロウさんがバイクで病院に運んでくれたのです。

そして出産四五日後のことでした。容器に入れられ「亡くなれば、この世に縁がなかったんです」と、先生に言われた息子が帰ってきたのです。

退院してきた息子を横目にキンヨさんは私の両手をしっかりと握って、嬉しそうな顔をして、

「ヒロユキさん、儲かった、もうかった」

と、小躍りしながら飛び跳ねる姿を見て、私は涙を流しながら、「ありがとうございます。ありがとうございます」を連呼した記憶があります。よいことがあれば、体中で喜びを表現するキンヨさんの心の優しさを、このときの私は感じたのでした。

長男が生まれたときのことに少し触れます。

キンヨさんも娘が初産ということもあって、忙しい仕事の合間、頻繁に病院を訪問し

ていたようです。私が仕事の帰り道に病院に寄ると、キンヨさんはすでに病室にいました。しばらくすると、ノブコが騒ぎはじめたのです。

出産直前ですから、母親として母乳が出るような体に変化しはじめたのでしょう。

「胸が痛い、痛い」

と騒ぎはじめたのです。すると、キンヨさんはノブコの胸をはだけさせ、ノブコのおっぱいを揉みはじめました。キンヨさんはノブコのおっぱいを揉みながら言いました。

「ヒロユキさん、片方のおっぱいを揉んでください」

嫁の母親であっても、人前では少し照れくさいな、と思いながらためらっていると、

「ヒロユキさん、早く、はやく」

とせかせるのです。照れくさささを、かなぐり捨ててノブコの乳房を私も一緒になって揉みはじめたのです。すると、おっぱいが胸を伝って流れ落ちはじめたのです。それを、ティシュで拭き取りながら、さらにしばらく揉み続けました。かなりの、おっぱいというか、初乳をティシュで拭き取ったところで胸の痛みも少し和らいだのでしょう。ノブコは苦痛から逃れられたようです。

ノブコは、胸の痛みから解放されたというので、身繕いをしてベットの上に座り、しばらくの間落ち着いた顔をしていました。

やがて、陣痛のときがやってきました。出産間近になった証として、ノブコがやがてお腹を抱えて痛がりはじめたのです。私は、ビックリしました。出産直前は、そんなに痛いの、と思うほどにノブコは体をくの字にして、体を背中側に反り返らせたのです。体の硬いノブコが背中側に体を反らせるのを見て、映画のエクソシストを現実に見ているような、恐怖を抱いた自分がそこにいました。しかし、キンヨさんは、その姿を見るとすぐに看護師さんに連絡をしたのです。直後、看護師さんがやってきて、ノブコを分娩室に連れて行きました。

まもなく、無事に長男が生まれ、私は父親となったのです。

双子が生まれたのは、それから二年後のことです。以後、長男と双子の息子三人は、富岡町と柏市を行ったり来たりしながら、あっという間に成長していくのです。

子どもたちが、中学三年生と中学一年生になった夏休みのことです。

ノブコが、子ども三人を連れて特急列車で当時の平駅に降り、普通列車に乗り換えて富岡駅に向かっていた車中でのことです。このとき、偶然にも途中駅からキンヨさんが乗り込んできました。そのときの「スゴイおばあちゃん」は、重い振り分け荷物を持っていました。その姿を見つけたノブコは、子どもを立たせて、代わりに座ることを勧めたのですが、決して座ろうとはしません。その座席に座らなかったことが、子どもにしてみれば、「不思議なおばあちゃん」と写ったようです。

成人後に子どもたちが回想して言うには、その当時、子どもたちは「おばあちゃんの心配りだった」と考えていたようです。その列車は混んでおり、立ったままの乗客がほかに何人かいたようです。どこにいるかわからないお客さんに対し、セールスを行なっている者が座席に座ることに、抵抗感があったのではないか、というのです。それが、「おばあちゃん流の心配り」の現れ、と考えたようです。そんな細やかなところにまで、心配りのできていたおばあちゃんを改めて孫たちは知ることになったのです。

ありし日のワタナベキンヨさん

第一六節　長女のシズちゃん

私の息子たちに「シズちゃん」と呼ばれていたシズコ姉さんは、一九四三（昭和一八）年に生まれ、二〇〇二（平成一四）年に亡くなりました。六〇歳という生涯を終えたのは、「富岡町のスゴイおばあちゃん」が亡くなってから七年後のことです。

生前、シズちゃんのことを誰よりも心配していたキンヨさんは、
「ヒロユキさん、ノブコ、シズコのことを頼みます」
と言って亡くなっていきました。

しかし実際には、おばあちゃんが亡くなったあと、シズちゃんのことを頼まれた私た

ち夫婦は、ほとんど手を出すことがありませんでした。サブロウさんが事細かに面倒をみ、入院後には手厚く看病し、入院先の病院で死亡したのです。

そして、そのサブロウさんも、シズちゃんが亡くなったのを見届けた半年後、体の力が抜けるようにして亡くなってしまいました。入院先の病院での、アッという間のことでした。入院して、わずか一週間後のことでした。キンヨさん、シズコ姉さん、サブロウさんの順でしたが、三人とも同じ病院で亡くなっていったのです。

仕事が軌道に乗ってきて以降のキンヨさんの頭のなかは、シズコさんのことで一杯だったのです。

自慢の長男、カズヒコさんは、防衛庁のなかでは制服組として立派に成功しています。次女のノブコも三人の子宝に恵まれ、すでにもち家があるということで、二人についてけ心配することがなかったので、よけいシズちゃんのことが気になったのでしょう。晩年のおばあちゃんは働く生きがいを、シズコさんに捧げていたようです。

三歳のときの高熱がもとで、障害の残ってしまったシズちゃんは、私が仕事や休暇で富岡町の自宅に訪れると、必ずと言っていいほど富岡駅前の商店で買ってきた大福餅とお茶を出してくれたものです。私が、休みで家にいると間違いなく、午前一〇時と午後三時には、時計よりも正確なくらいにお茶が出てくるのです。

三人の息子が小さいころには、富岡の家に来てもやたら兄弟喧嘩をしていました。すると、そのたびごとに三人の子どもたちを叱っていたのです。そんなシズちゃんの姿を何度も見かけた記憶があります。子どもたちにとっては、「ほかの人とはちょっと違う人」と思いながらも、「こわい叔母さん」くらいに思っていたようです。

でも、心優しさは母親ゆずりで、「スゴイおばあちゃん」に似ていたようです。

甥っ子にあたる私の息子たちが、お金の価値がわかりはじめたころには、居間のテーブルに置いてあった「スゴイおばあちゃん」の財布から、小銭を取り出しては子どもたちにあげていたようです。子ども心にも、シズちゃんは世間一般のおばちゃんとは、どこか違いながらも、時々「お小遣いをくれるよいおばさん」とも信じこんでいたようです。

子どもたちが小学生になった、ある夏休みに、富岡町に遊びに行ったときのことです。

「シズちゃんにお金をもらったよ。でも僕は五〇円で、ミチヒロが一〇〇円っておかしいよね」

双子の兄弟と差をつけられたのが、悔しかったんでしょうね。それで私は、

「シズちゃんの財布には、きっとそれだけのお金しかなかったんだよ。お父さんが五〇円あげるから機嫌を直しなさい」

と言って五〇円を渡すと、嬉しそうな顔をして受け取っていた長男の笑顔を、昨日のことのように思い出します。


長男のトモヒロなどは、高校一年生になった夏休みに、クラスの友だち二人を連れて富岡町に遊びに行ったくらいです。多感な年齢になれば、他人さまには言いたくないことや、見せたくないものがあると思います。ましてや、母親の実家に友だちを連れて行き、障害のあるおばさんに友だちを引き合わせることに、ためらいがあるのが当然ではないでしょうか。

一歩間違えば、新学期がはじまったとき、クラスメートに、「アリゾノのおばさん、

ちょっと変だったぜ」くらいのことを言われる覚悟をしなければいけないのかもしれません。場合によっては、もっとひどいことを言われるリスクがあったものと思います。あのときほど、そのようなつまらない心配をしない長男を、誇らしく思ったことはありません。

「言いたい奴は、勝手に言えば」

くらいの強い意識を、当時の息子がもっていたかどうかはわかりませんが、友だちと二泊ほどした間に、シズちゃんにお金をもらって、三人で富岡町内の夜の森地区にあるプールで遊んだり、スーパーのゲーム機で遊んだといいます。それなりに、三人は楽しい田舎街生活を満喫したようです。

長男のトモヒロは、帰りの列車のなかで二人に、

「また来年、来ようぜ」

と言われたようです。でも、それは実行されることはなかったのです。というのは、長男と仲の良かったサッカー好きの友だちがその年の暮れ、交通事故にあって帰らぬ人となってしまったからです。このとき偶然にも、私は長男の高校の保護者会の役員をやっ

ていたので、葬儀に参列しました。

ちなみに、夏休みの三日間、子どもたちの食事は誰がつくったと思いますか？　読者のみなさんには、もうおわかりだと思いますが、仕立て屋さん、つまりサブロウおじいさんがつくっていたのです。


シズちゃんの話に戻します。

シズちゃんは、中学校を卒業すると自宅を出ることなく、死ぬまでほとんど自宅にいました。籠の鳥的な一生だったのですから、普通に考えれば薄幸な人生を送った人であったような気がします。

でも、家にいるだけで、家にやって来る「スゴイおばあちゃん」の仕事関係者や、仕立て屋のサブロウさんのお客さんとお話ができました。じつに、家にいながらにしていろいろな人びとと接していたのです。そんなシズちゃんですから、「家にいると、いろんな人とお話しできて、楽しかったよ」とでも言いそうな気がします。

また、シズちゃんは、人の好みをじつによく覚えている人でした。ですから、いつも来る人の好みを覚えていて、その好みに応じた接客もしていたのでしょう。

私が甘いものが好きなのを誰に聞いたのか、私が富岡町に行くと必ずといっていいくらい、大福餅を買ってきており、お茶と大福餅を私の前にそっと差し出す心優しい一面をもっておりました。

「ヒロユキさん、食べな」

と、言ってもてなしてくれたものです。

シズちゃんは、大福餅を買うときや病院に行くときくらいしか自宅を出ることはありませんでした。私が、富岡町の実家に立ち寄ると、何回か自分の財布の中味を自慢げに見せてくれた記憶があります。ただ、財布の中味は母親の財布から抜き取ったお金だったのです。

キンヨさんがスゴイのは、自分の財布からシズちゃんがお金を抜き取るのを、見ていても一度も注意したことがなかったことです。叱ったり、怒ったり、またつまらないことを自慢することのなかった人でもありました。

シズちゃん、そちらで、お母さんとお父さんの三人で楽しく過ごしていますか。三途の川を渡るときに、道に迷いませんでしたか。

第一七節　晩年の口ぐせ

その「富岡町のスゴイおばあちゃん」も、一九九三（平成五）年にパーキンソン病を発症してしまいます。もともと、糖尿病の診断を告げられていたようで、何年もの間、塩気を抑えた食物を口にしていました。

キンヨさんの食べ残した鍋の残り物を口にしたときに、あまりにも塩分の少ない味気のなさに、私自身正直ビックリしたことがあります。そのくらい、健康には気遣い、食べる物にも注意を払っていたのです。

外食はせずに昼食のときにも自宅に戻っては、塩気の少ない特別食を自分で調理しては口にしていたようです。しかし、毎日、同じ時間に自宅で昼食が摂れるわけではありませんから、食事時間は不規則にならざるを得ません。昼は食べたり、食べなかったりということも多かったようです。また、夕食の時間も不規則になってしまいます。そんな日々が重なって、知らず知らずのうちに体に負担をかけていたのでしょう。

そして、八〇歳のときに、パーキンソン病を発症していると医者に告げられるのです。七五歳を過ぎたころだったと思いますが、私がノブコに何度か言った言葉があります。

「八〇歳になったら、お母さんに仕事を辞めるように言いなさいよ」

「シズちゃんのことが心配なら、もう十分でしょう。ノブコとヒロユキの二人でなんとかしますよ」

そう進言するようにと伝えたのです。

ノブコには、「自分が母親に忠告したところで、聞いてなんかもらえない」くらいに思っていた節があります。仕事を卒業するように伝えたところで、責任感の強い母親が、

「そうですね。はい、そのようにします」

などと言ってくれないことを十分にわかっている娘ですから、結局、そのままにして

おいたのです。

でも、ノブコと私とのやり取りがあって数年後のことです。体調の変化を感じていたのでしょうか。休暇や仕事などで富岡町を訪れる都度に、いままで言ったことのない言葉が「スゴイおばあちゃん」から発せられるようになったのです。それが、

「ヒロユキさん、シズコをお願いします」

という言葉です。最初にその言葉を聞いたとき、私はあまり気にすることはしませんでした。あとで思ったことですが、身体の異変に本人が自覚しはじめていたのではないでしょうか。時間の経過とともに、気も弱くなってきたのだと思います。入院する直前あたりになると、私と顔を合わせるたびごとに、

「私に、万が一のことがありましたら、シズコをお願いします」

という言葉が、口ぐせのように「スゴイおばあちゃん」から発せられるのです。

当初は、私も、「わかりました」程度の言葉で返事をしていました。しかし、「スゴイおばあちゃん」は、自らのロウソクの炎がしだいに消えていくのを薄々ではありながらも、意識しはじめていたのでしょう。そして、その言葉は、私の顔を見るたびに出てく

る口ぐせになりました。

「ヒロユキさん、シズコを頼みます」

私は、「ノブコがいますから、安心してください」と言います。しかし、「スゴイおばあちゃん」は、さらに、念を押すように言うのです。

「ノブコには、シズコの面倒をみないといけないくらいのことはわかっているはずです。でも、ヒロユキさんの理解やバックアップがなければ、ノブコだって自由に行動できないじゃありませんか。ヒロユキさん、本当にお願いしますヨ」

しつこいくらいのやり取りが何度かあったのです。

そして、「スゴイおばあちゃん」が、眼に涙を溜めながら哀願するように言ったのです。

「ヒロユキさん、シズコをお願いします」

「お母さん、大丈夫ですよ。私も精一杯頑張ります。ノブコやお父さんのお手伝いをしますから、安心してください」

この一言に安心したのか、その後、私が病室を訪れても、私の前では眼を開くことがなくなりました。

　このころ、カズヒコさんは横須賀の防衛庁関係の大学教授となっておりましたので、頻繁に見舞いにも来られない事情があったのです。それを見越してか、「スゴイおばあちゃん」は、ノブコと私にシズちゃんの老後を託したのだと思います。

　私がキンヨさんと出会ったころは、いつも重たい振り分け荷物を肩に担いで、朝早くから夜遅くまで働き詰めでした。その無理がたたったせいか、身体を自由に動かせなくなった途端に、信じられないほどのスピードで体力をなくしていきました。

「富岡町のスゴイおばあちゃん」が死を迎えるのも間近だと思った私は、「まだ元気なうちに、自分ができることはなんでもしてあげよう」と心がけるようにしたのです。そして、スゴイおばあちゃんの思いを汲んで、手助けすることを心がけたのです。

　しかし、身体が弱り、自由に動けなくなってもなお、「スゴイおばあちゃん」にとっては、後輩の育成やら自分は死ぬまで仕事をやるとの強い気持ちが勝っていたのでしょう。私のような凡人が思いつくような域をはるかに超えた、周囲への働きかけをするのです。お見舞いに来てくれた後輩に対しても、仕事上での適切な指示を出しているのです。私には最後まで、「スゴイおばあちゃん」の思いに至るだけの能力は、持ち合わせてはいなかったのです。

ある日、仕立て屋のサブロウさんから自宅に電話が入りました。

「お母さんが危篤だ」

ノブコは、すぐさまそのことを電話で勤務先の私に告げると、子どもを自宅に残して富岡町の入院先へと、吹っ飛んで行ったのです。私は、仕事を終えて柏の自宅に戻ると、当時高校生であった長男に食事などについて問題ないかを確認しました。すると、長男は、

「お父さん、大丈夫だよ。二日から三日分の食べ物はあるし、お母さんからお金を五万円預かってるから」

との返事です。

私は安心して、翌日の早い時間の特急列車で富岡町に向かいました。私が富岡町に着いたその日の夕方、カズヒコさんと顔を合わせました。久しぶりのことでした。「スゴ

イおばあちゃん」は、病室のベッドで眼を開けることなくひたすら眠っていました。呼吸をする音だけが静かな病室に響き渡っていました。短い時間でしたが、まるで時が止まっているように私には思えました。

看護婦さんに、

「しばらくの間は、お母さんも大丈夫でしょう」

と言われたものですから、その言葉を受けてカズヒコさんが、

「三人で夕食でも食べにいこうか」

ということになったのですが、ノブコは、

「食欲がありませんから、私は行きません」

とのこと。娘にしてみれば、いまの母親の状態を見ていれば、食事をするような気分にはなれなかったのでしょう。ここが、男と女の感情の持ち方の違いなのかもしれません。そのため、二人で食事をすることになりました。私は、ノブコに「ヒラヤマさんに行ってくるよ」と告げて、病院から徒歩一五分くらいの飲食店に行ったのです。

男が二人集まれば、単なる食事だけではすみません。自ずと酒も注文します。どのく

らいの時間が経ったのでしょうか。昨晩からあまりよく眠っていなかったことと、久しぶりにカズヒコさんとの飲食で気分が高揚したせいなのか、この間の時間に対する感覚がありません。時間のことを気にせずにいたせいかもしれません。飲食店でどのくらいの時間を過ごしたのかも覚えていないのです。

　すると、店の主人が、

「アリゾノさん、お母さんが亡くなったとの連絡がありました」

と告げてくれたのです。その連絡を聞いたカズヒコさんは、

「ヒロユキくん、あとを頼む」

と告げて、走るように店を飛び出して行ったのです。私も、飲食代金を支払うと、走って病院にかけつけました。病室では、ノブコが眼を腫らし、大粒の涙を流して泣いていました。「スゴイおばあちゃん」は、逝ってしまったのです。

　数時間前まで、聞こえていた「スゴイおばあちゃん」の呼吸音は止まり、蒼白い顔をしてベッドの上に静かに横たわっていたのです。胸のなかで私は、こうつぶやきました。

「これで、お母さん、あなたと二度とお話をすることができなくなりましたね。酷使し

た身体をこれからは、ゆっくりと休めてください」

私にとっては、大事な二番目のお袋が逝ってしまったのです。


キンヨさんが亡くなったのは、一九九五（平成七）年の一一月二三日でした。それは、まさに死んだ年を選んだのではないかと思えるような年だったのです。

この年は、一月一七日には約六五〇〇人もの方が亡くなった阪神・淡路大震災が起きます。大震災から二ヶ月余り後の三月二〇日には、わが国はじまって以来のテロ事件ともいえる、オウム真理教による大量殺戮を狙った「地下鉄サリン事件」があります。一三人の方が亡くなり、二〇年近く経った今日でも、多くの方がサリンによる後遺症に悩んでいます。

この事件により、日本人や世界の多くの軍人でもない一般人が「サリン」なる名前の化学兵器がこの世にあることを知ったのです。「サリン」なるものが比較的民家に近い場所で大量に作られていたなんて信じられますか。それが現実に起こり、日本の歴史の一ページを飾る大事件になったのです。

また、今からさかのぼること五〇年ほど前の一九六三（昭和三八）年一一月二二日、時の三五代アメリカ大統領だったジョン・F・ケネディが暗殺されました。日本とアメリカとを実験でしたが衛星放送により、ジョン・F・ケネディのパレードを中継しているさなかに狙撃され亡くなるといった、映画のワンシーンを見ているような劇的な事件が起こったのです。

この実験衛星放送は、アメリカ大統領が狙撃され亡くなる瞬間を放送するために企画実行されたようなことになりました。「スゴイおばあちゃん」は、世界的に有名だった米国大統領とは年度は違いますが、同じ日に亡くなったのです。

「スゴイおばあちゃん」は生前の無理がたたったのか、女性としては少し早いなと思える満八二歳で亡くなりました。しかし、死を迎えるまでの二年間、病床に臥し、入退院を繰り返しながらも、最後まで頑張った人でした。

「富岡町のスゴイおばあちゃん」が他界した、ちょうど一年後の、その日のことです。

ノブコに私が聞きました。

「大阪城に行ったことはあるの」

「大阪城は見たことがない」

との返事でした。私は、

「大阪に行こう。大阪城の見物ついでに、日本生命の本社も近くにあるから、案内するよ」

こう提案すると、ノブコは大賛成したのです。

こうして大阪見物に出かけることになるのですが、大阪の御堂筋にある本社前に立ったとき、いきなりノブコが泣き出したのです。当然のことながら、ノブコは元気なころのキンヨお母さんのことを思い出し泣いたのですが、通りがかりの人びとが振り返り、振り返り通り過ぎて行きます。

この日は、日曜日でしたから、観光客も多かったのだと思いますが、「真昼間から、女を泣かせるなよ」とでも思いながら、通り過ぎて行ったのでしょう。私は、

「ここで、気が済むまで、思いっきり泣けよ」

と思っていました。

キンヨさんが亡くなって七年後の二〇〇二（平成一四）年九月、「富岡町のスゴイおばあちゃん」が生前、あれほど心配していたシズちゃんは入院先の病院で、二ヶ月ほどの療養で静かに息を引き取り、キンヨさんのもとへ旅立っていきました。シズちゃんを看取った仕立て屋のサブロウさんは、安心しきった顔をして翌年の四月、一週間寝込んだあとに、アッという間に入院先の病院で亡くなったのです。

シズちゃんは六〇歳、仕立て屋のサブロウさんは九五歳という年齢で、二人とも老衰により永眠したのです。〇三（平成一五）年四月には三人全員が、次の世界である浄土に集合したのです。

第一八節　夜ノ森の桜

以下、余談を二話。

「スゴイおばあちゃん」は、生前、自分の稼いだお金で五軒の家を建て、それらの家を貸すことで家賃収入を得ていました。その家を建てたのが、桜で有名な夜ノ森駅です。

富岡町といえば、夜ノ森の桜が有名です。かつては夜ノ森駅から、夜ノ森公園を通り、国道6号線に至るまでが東西に伸びるルートが桜並木でした。現在では、それに加えて、富岡第二小学校の横を通る南北のルートも加わっています。

ただ、富岡駅周辺と夜ノ森駅周辺とは、別々の町という感覚でした。そのため、当時の町民は「夜ノ森の桜は富岡のものというよりは、隣町のもの」という思いが強かったようです。ノブコも「夜ノ森の桜は、われわれの財産という意識はない」と言います。

現在の富岡町になったのは、一九五五（昭和三〇）年三月のことです。それまでの夜ノ森は、上岡村から改称された双葉町（第一原発が立地している双葉町とは別の自治体）に位置していたのです。そのため、かつては「上岡村夜ノ森」、あるいは「双葉町夜ノ森」だったのです。現在では富岡町の「夜ノ森」という意識ができていますが、それは昭和の市町村合併以降のことです。

常磐線の富岡駅は海沿いにあります。海岸線から五〇〇メートルほどの場所です。夜ノ森駅からは内陸に入って行きます。海からは約三キロ離れています。そのために、急なカーブになっているのです。計画では大熊町熊町（当時熊町村）を通る予定でした。そうすれば、急なカーブにはなりません。しかし、熊町の人たちが「鉄道が通ると米がとれなくなる」と反対したのです。一方で、夜ノ森があった上岡村では誘致運動をしました。

富岡駅と長塚駅（現在の双葉駅）は一八九八（明治三一）年に開業しました。長塚駅より富岡駅側に、一九〇四（明治三七）年開業の大野駅（大熊町）があります。夜ノ森駅は二一（大正一〇）年の開業です。富岡駅よりも一三年も遅い開業でした。

夜ノ森駅はツツジの名所としても知られるようになりました。約六〇〇〇株のツツジが植えられています。山手線沿線でツツジが植えられていたのを見て、「夜ノ森」を「花の森」にしたいと真似たとも言われています。

ちなみに、夜ノ森は常磐炭田地域の北限です。常磐炭田は常磐興産が所有していましたが、一九八五年、炭鉱業から撤退しました。そして観光業に転換を図ったのが、常磐リゾートハワイアンズです。二〇〇六年公開の映画「フラガール」の舞台です。

人びとの意識も変わるようです。夜ノ森を境にして、以南は東京への意識が強く、以北は仙台とのつながりが強いのです。「浜通り」であっても交流の範囲が違っています。出稼ぎといえば、富岡町では東京へ行くことでした。中学を卒業すると、就職する子どもたちはきちんとした服装で電車に乗って行ったものです。

キンヨさんは家族とよく桜を見に行ったといいます。「スゴイおばあちゃん」にとっては、保険セールスの基盤でもあったようです。富岡駅周辺は坂が多いのですが、夜ノ森駅周辺は平坦なために、「住みやすい」と言っていたようです。そんなこともあって、セールスで稼いだお金で、五軒もの家を建てたのでしょう。夫婦のどちらも自営業だったので、その家賃を安定収入にしていたのです。

第一九節　東北のチベットと原発

富岡町は農業を主体とした町でした。

そんな町ですから、当時、生命保険に入るという意識は高いとは言えませんでした。ただし、会社や官庁の出先機関がたくさんありました。たとえば、煉瓦工場がありました。製品は馬車や自動車を使って、富岡駅まで運ばれていました。土木関係の会社、福島富岡簡易裁判所、富岡高校などもありました。

ただし、原発ができるまでの富岡町を含む双葉郡は、「東北のチベット」とも呼ばれていたようです。福島第一原発（大熊町、双葉町）が着工したのは一九六七年九月。また、福島第二原発（楢葉町、富岡町）は七五年一一月に着工しました。財政難だった自治体にとっては、原発誘致というよりは、企業誘致だったのでしょう。

ノブコの話では、キンヨさんは原発について賛成も反対も言わなかったといいます。自営業もやり、保険のセールスもしていたため、両方の立場の人がいたからではないでしょうか。「静かな町がいいけれど、生活ができないのなら仕方がない。生活には代えられない」と言っていたようです。

「怖い」

「爆発したらどうなんだろう」

そんなことも言っていたようですが、世の中の移り変わりとして受け入れていたのかもしれません。与えられた環境のなかで、自分たちの生活をどのようにうまくやっていくか、楽しくやっていくか、と考えていたようです。

私は原発の関係者として、富岡町の人から露骨に反対と言われたことはありません。福井県にいたときには目の前で反対と言われました。また、第一原発の建設時に反対運動があったことは聞いています。反対運動をしている人たちの建物があったのを見たこともあります。そのため、「作業着では飲みに行くな」と言われたものです。

ただ、富岡町では「東京に出稼ぎに行かなくてもいいようになった」と言われたことはあります。また、第一原発ができた大熊、双葉では、道路が整備されるなど、インフラがよくなっていくのを見ていました。そのため、「富岡もあのようなものがいいんじゃないか」という声は聞きました。富岡町では、反対運動は盛んではありませんでした。

原発の関係者が多く出入りするようになった富岡町ですが、これが「スゴイおばあちゃん」の仕事に影響を与えたかというと、そうではなかったようです。なぜなら、原発の関係者は会社員だったり、東京からやってくる人たちでした。そうした人たちはすでに保険に入っていたのです。

その意味では、原発関係者をほとんどあてにせずに、保険のセールスだけで高収入を得ていたのは、あらためて「スゴイおばあちゃん」とだったと思います。

あとがき

七〇歳近くになった私が、何故このようなものを書く気になったのかは、二〇代半ばにまで遡ることになります。

社会人になった私が、仕事の関係で福井県敦賀市に行ったときのことです。敦賀市内を散策していたとき、街外れに小さな松原神社を見つけました。この小さな神社の入り口には、水戸藩（茨城県水戸市）武田耕雲斎の立派な立像があります。

江戸時代末期、武田耕雲斎の他、水戸藩士約二百有余名の方が、この福井県越前海岸の数ヶ所で首を撥ねられるといった事件がありました。多くの水戸藩士がどうして首を撥ねられたかの理由を知りたい、と思ったのが最初のきっかけです。その後、日本史に興味を抱き、四〇年余りにわたって歴史本を読みあさってきました。

六三歳でサラリーマン生活を終えると、毎日が退屈です。そのころには、NHKの朝ドラを見ることが日常生活の一部になっていました。最初のうちは、ただの時間つぶしに朝ドラを見ていたのですが、何作目かの「あまちゃん」の脚本家に刺激されたのです。そして、「私も、何か書いてみたい」と思いはじめました。

四〇年余りにわたって、歴史本を読みあさったとはいっても、歴史に関する内容のものは書けないし、何か私にもチャレンジできるような題材はないかと考えはじめました。

私は、太平洋戦争の終わりとなった一九四五（昭和二〇）年六月に満州で生まれました。終戦二ヶ月前のことです、日本人として最後の満州生まれの人間ではないかと思います。

両親は、鹿児島県生まれでしたから、終戦一年後、とりあえず満州から鹿児島に引き揚げてきたのです。乳飲み子の私を、よくぞ日本に連れ帰ってくれたものと、両親にはいまだに感謝の気持ちを失うことはありません。

父は、ガラスメーカーに就職が決まると、北九州に住むことになりました。三歳から小学校四年生まで北九州で過ごし、その後、父の転勤で小学校五年生から一三年間を兵庫県の尼崎市で過ごしました。

そして、私は電機メーカーの東京本社に就職しました。社会人になった私は、「君の故郷は、どこですか」とよく聞かれました。しかし、根っからの関西人ではありませんから、「私の故郷は、いったいどこだろう」と考えてしまいます。そして決まって、「記憶に残る故郷は、私にはありません」と答えていました。

縁あって、福島県富岡町生まれの女性と結婚しました。三人の息子も全員が福島県生まれです。もの心がついたころの息子たちは、私の実家より母親の故郷へ出かけることが多かったのです。このような家庭の事情から、いつのころからか、私の故郷は「福島県富岡町」になっていたのです。

そして、息子たち三人の田舎となり、家内の生まれ故郷でもある福島県富岡町で、少しは名の知られた渡辺キンヨを題材にして書いてみようという気になったのです。

しかし、原稿を書いても、出版社に知り合いがいるわけでもありません。そんなころ、長男に私は、「親父も、人生の締めくくりに本を書いてみたいんだ」と、半分は希望、残りの半分はなんとかならないかなと思う複雑な気持ちで話をすると、「出版関係者に知り合いがいるので、親父、挑戦してみたら。書き上げたらなんとかしてやるよ」との力強い後押しの言葉でした。

息子に勇気づけられ数ヶ月後にでき上がったのがこの本の基になった原稿です。息子が、私の原稿をフリーライターの渋井哲也氏に持ち込んだことで、出版社への橋渡しがなされたのです。

事前に、原稿を読んでいた出版社の担当者さんと、はじめてお会いしたその日に、「出版してみましょう」というお言葉をいただきました。嬉しかったですね、小躍りしたい衝動にかられた自分がいました。

お会いした日に、担当者さんから「東日本大震災以降、福島に行かれましたか?」と尋ねられました。しかし、私は「立ち入り規制などがあり、行ってはおりません」と答えました。すると「出版する前に一度、福島に行かれたらいかがですか?」と提案されました。

　この提案を受けて、東日本大震災から三年半余りが経過した、二〇一四年一〇月二一日、渋井哲也氏と長男と私の三人で福島県の富岡町に行って来ました。常磐道には富岡インターチェンジが完成したばかりでした。そのため、関東から富岡町までは高速道路で一本に繫がっていました。そして、高速道路を降りた私たち一行は、まっすぐ富岡駅へと向かったのです。放射線を避けるためにタイベックスを着なければならないのかと思っていましたが、空間線量はまだ高いものの、着替えるほどは高くありませんでした。

　JR富岡駅付近は、テレビ報道で事前に見てはいたのですが、この眼で実際に見ていると、せつない気分になってしまいました。人のいない風景。海岸付近の家屋も一軒もなく、富岡川近くの小高い丘の上には鳥藤別館が見えてはいましたが、富岡駅の連絡橋は津波で流されて跡形もありません。ただ、ホームには富岡駅の表示板が寂しそうに、震災前の姿で残っていました。

　駅周辺の桃源、大東館、石河荘、スーパーたくちゃん、まことや、好文堂、ことぶき、魚八、あぶくま亭、みっち美容室などの商店は、すべて破壊されていたのです。

息子は、小学校一年を富岡町で過ごしたものですから、同級生であった「中野畳屋、魚八、ことぶきの同級生は元気かな」と一言漏らしたのです。横田家の土地に生前建てた渡辺キンヨの家は一階が見事に津波で破壊されていました。

隣の腰塚家の家屋は存在していたのですが、仏浜釜田《ほとけはまかまでん》踏切までにあった家屋が、中野畳屋さんから菅原家まで、すべて津波の影響なのでしょう、なくなっていました。

日本生命のオフィスとして、最初に利用していた建物も一階部分が、津波の影響を受けていました。人気のない通りをしばらく歩き回りましたが、常磐線の線路から海側の土地では、工事用車両が忙しく整地作業を行なっていました。

その後、富岡駅から夜ノ森駅方面へと、途中の開店当初には「トムとむ」と呼ばれたスーパーやスーパーセンターなどの大型店のみじめな姿を見ながら移動しました。

富岡第二小学校前の桜並木は、紅葉して大部分の葉が落下していました。

桜が満開の季節には、多くの見物人が集まる「桜まつり」で、よさこい踊りなどを賑やかに踊っていたことや、多くの屋台が出ていたのを想い出すと、何故か寂しい思いにかられたのです。

残念ながら、夜ノ森駅前のハナミズキ並木や、駅前から六号線までの桜並木は立ち入り規制のため、立ち入ることができませんでした。

富岡第二小学校近くの個人住宅にあるコブシの大樹は、ご主人様のお帰りを待つかのように元気に緑の葉をたたえておりました。

その後、夜ノ森駅の山側に回り、歩道の上から夜ノ森駅構内にあるツツジを覗こうとしたのですが、雑草が生い茂り、残念ながら確認することはできませんでした。それが、とても心残りです。

このように、車で一回りしただけの帰郷でしたが、そこには、いまだ手つかずのままの町がありました。みなさんが、一日も早く元気な笑顔を取り戻され、活気ある町に復活されることを願いつつ、私たちは富岡の町を去ったのです。

津波で破壊された富岡駅。

夜ノ森の桜並木。

有薗宏之（ありぞのひろゆき）

1945年満州鞍山に生まれる。1969年大阪大学医学部附属診療放射線技術学校専攻科（現・医学部保健学科放射線技術科学科）卒業。同年4月株式会社東芝に入社。原子力事業本部に配属される。その後女川、敦賀などに赴任し、1998年に東京電力福島第一原子力発電所内東芝福島第一原子力作業所副所長就任。2007年に退職。柏市在住。

カバーデザイン／有薗倫大
デザイン協力／能登英子
編集協力／渋井哲也

富岡町のスゴイおばあちゃん

2015年4月10日　初版第1刷発行

著　者　有薗宏之

発行者　渡辺弘一郎

発行所　株式会社あっぷる出版社
〒101-0064　東京都千代田区猿楽町2-5-2
TEL.03-3294-3780　FAX03-3294-3784
http://applepublishing.co.jp/

組版　閏月社

印刷　三松堂